Mohammed Abebe Yimer

Abordagem de aprendizagem automática para a deteção de vozes

Mohammed Abebe Yimer

Abordagem de aprendizagem automática para a deteção de vozes

ScienciaScripts

Imprint

Any brand names and product names mentioned in this book are subject to trademark, brand or patent protection and are trademarks or registered trademarks of their respective holders. The use of brand names, product names, common names, trade names, product descriptions etc. even without a particular marking in this work is in no way to be construed to mean that such names may be regarded as unrestricted in respect of trademark and brand protection legislation and could thus be used by anyone.

Cover image: www.ingimage.com

This book is a translation from the original published under ISBN 978-620-2-01364-2.

Publisher:
Sciencia Scripts
is a trademark of
Dodo Books Indian Ocean Ltd. and OmniScriptum S.R.L publishing group

120 High Road, East Finchley, London, N2 9ED, United Kingdom
Str. Armeneasca 28/1, office 1, Chisinau MD-2012, Republic of Moldova, Europe
Printed at: see last page
ISBN: 978-620-7-67727-6

Índice

Agradecimentos

Em primeiro lugar, e acima de tudo, gostaria de agradecer e louvar o Deus Todo-Poderoso (Alá) pela sua incrível orientação, apoio e bênção da minha vida em todas as minhas actividades.

Quero transmitir o meu reconhecimento às seguintes pessoas ou entidades pelo seu diverso contributo direto e/ou indireto ao longo do meu estudo e deste trabalho de investigação. No entanto, é difícil saber por onde começar a pensar e a agradecer às pessoas pela ajuda e assistência que me prestaram. O problema é que, provavelmente, vou omitir alguns nomes muito importantes. Seguem-se aqueles a quem estou particularmente grato.

Gostaria de expressar a minha mais profunda gratidão ao meu orientador de investigação, Dr. Sebsbie H/Mariam, pela orientação, encorajamento e amizade que conseguiu estender-me. Sem a sua supervisão, sugestões inestimáveis, conselhos dedicados e observações, o projeto não teria sido uma realidade. Aprecio muito o seu encorajamento, a sua abordagem amigável e a sua consultoria paternal.

Tenho a grande obrigação de transmitir a minha gratidão aos meus pais e às minhas famílias pela intensificação de todo o espetro da minha vida. Em particular, tenho um agradecimento especial para o meu pai, Abebe Y., e para a minha mãe, Zemzem K., por me terem criado num ambiente estável e amoroso, que me permitiu chegar tão longe e cuja grande ambição de ver a minha realização foi muito importante para mim no meu estudo e ao longo da minha vida.

Gostaria de transmitir o meu amor sincero e os meus agradecimentos à minha irmã Jemila A. pelo seu encorajamento e apoio moral ao longo de todos os momentos do meu estudo.

Muitos colegas e amigos influenciaram esta tese; desejo expressar o meu amor e gratidão a todos os meus amigos e colegas que trabalham na Universidade de Arba Minch e no Colégio Universitário de Admas e a todos os meus amigos e colegas de turma pelo seu inestimável apoio em todos os aspectos desta tese. Os amigos cujo papel no meu estudo é inestimável e precisam de ser pelo menos mencionados são Teklay G., Tulu T., Nirayo H., Abreham W. e Eshete D.

Por fim, gostaria de agradecer a todos os que contribuíram com impactos positivos para a realização bem sucedida deste trabalho de tese, bem como expressar o meu pedido de desculpas por não ter podido mencionar individualmente um a um.

Acrónimos e abreviaturas

ANN	Artificial Neural Network
AR	Auto Regressive
ASR	Automatic Speech Recognition
CART	Classification And Regression Tree
DCT	Discrete Cosine Transform
DFT	Discrete Fourier Transform
DSP	Digital Signal Processing
EBP	Error Back-Propagation
EM	Expectation Maximization
GMM	Gaussian Mixture Models
HMM	Hidden Markov Model
LPC	Linear Predictive Coefficients
MFCC	Mel-Frequency Cepstral Coefficients
MFN	Multilayer Feedforward Network
ML	Maximum Likelihood
MLP	Multilayer Perceptron
RMS	Root Mean Square
SNR	Signal to Noise Ratio
STFT	Short Time Fourier Transform
VDA	Voicing Detection Algorithm
ZCR	Zero-Crossing Rate

Resumo

A deteção de segmentos de fala sonoros/não sonoros/silêncios é um método de atribuição e rotulagem de uma categoria de fala específica (sonoro/não sonoro/silêncios) a um segmento de fala.

A atribuição de categorias de fala a segmentos de fala num som de fala é uma componente importante de muitos sistemas de processamento da fala. Uma classificação exacta de um segmento de fala como sonoro/não sonoro/silêncio com um sistema de deteção de sonoridade é frequentemente utilizada como pré-requisito para o desenvolvimento de outras aplicações eficientes e de nível superior de sistemas de processamento da fala, tais como a codificação da fala, a análise da fala, a síntese da fala, o reconhecimento automático da fala, a supressão e o melhoramento do ruído, a deteção do tom, a identificação do locutor e o reconhecimento de patologias da fala.

O interesse na discriminação de categorias de segmentos de fala tem-se intensificado ultimamente devido à procura crescente de uma potencial utilização numa série de sistemas comerciais ou não comerciais baseados na fala. Os actuais sistemas de comunicação pessoal, como os telemóveis, são exemplos de sistemas comerciais que integram no seu funcionamento capacidades de codificação e reconhecimento da fala.

Neste estudo, é proposto um método supervisionado de deteção de segmentos de fala com voz, sem voz e com silêncio. Foi recolhido um corpus de texto com 900 frases de notícias políticas, económicas, desportivas, de saúde, de ficção, da Bíblia, do código penal e do jornal federal Negarit Gazzeta. Estes textos são gravados por um locutor do sexo masculino para preparar o corpus de fala. Os corpus de texto e de discurso são divididos em conjuntos de dados de treino (66,67%) e de teste (33,33%).

O classificador de voz/sem voz/silêncio baseado em RNA, em particular um MLP com uma única camada oculta e 25 neurónios na camada oculta, apresenta um desempenho de classificação superior ao dos outros modelos testados. A rede tem 15 neurónios na camada de entrada e 3 neurónios na camada de saída que correspondem ao número de características no vetor de características e ao número de classes a classificar, respetivamente (MLP 15-25-3). A energia, o ZCR e os 13 MFCCs do sinal de fala são utilizados como vectores de características para treinar e testar o modelo de classificador selecionado. Os vectores de características são extraídos para 20, 25, 30 e 35 milissegundos de segmento de fala para ver o efeito da duração do quadro no desempenho de classificação dos classificadores.

A avaliação das experiências mostra que o melhor desempenho com o modelo de classificador e o vetor de características seleccionados é alcançado com um tamanho de fotograma de 35 milissegundos. O classificador MLP apresenta uma precisão de 89,69%. Assim, verifica-se que um

MLP com uma única camada oculta e 25 neurónios na camada oculta tem um desempenho superior ao dos outros classificadores testados.

Palavras-chave: Deteção de vozes, Voiced/Unvoiced/Silence, Aprendizagem automática

CAPÍTULO UM

INTRODUÇÃO

1.1 Antecedentes

O processamento digital de sinais (DSP) diz respeito à representação de sinais como uma sequência de números e às operações algorítmicas efectuadas sobre os sinais para extrair a informação específica neles contida. O DSP está principalmente relacionado com o processamento de um sinal em tempo discreto, chamado *sinal de entrada*, para desenvolver outro sinal em tempo discreto, chamado *sinal de saída*, com propriedades mais desejáveis.

Existem sistemas de processamento digital de sinais que fazem quase tudo o que os sinais analógicos podem fazer, que são mais versáteis, que podem ser facilmente alterados (programáveis), que podem ser feitos para processar sinais de forma idêntica (repetíveis) e que não são afectados pela temperatura ou pelo envelhecimento (fisicamente estáveis) [21]. Os DSP podem ser utilizados para o processamento da fala e do áudio (codificação/compressão da fala, análise/síntese da fala, reconhecimento da fala, codificação do áudio), processamento da imagem e do vídeo (codificação de imagens fixas, codificação do vídeo), filtragem adaptativa (cancelamento do eco nas linhas telefónicas, controlo ativo do ruído, processamento de sinais médicos).

Em certas aplicações, como a análise-síntese da fala, a supressão e o melhoramento do ruído, pode ser necessário extrair algumas propriedades-chave do sinal original, como sons de fala sonoros, não sonoros ou ruídos, utilizando algoritmos específicos de processamento digital de sinais. Também é possível investigar as propriedades de um sistema em tempo discreto observando os sinais de saída para sinais de entrada específicos.

O conhecimento das características acústicas da fala num determinado segmento sonoro ou surdo desempenha um papel importante em muitos sistemas de análise e síntese da fala. Assim, a questão dos algoritmos de deteção de vozes (voiced/unvoiced) (VDAs) tem sido um dos tópicos mais analisados no domínio da investigação do processamento da fala durante as últimas três décadas [5].

A deteção de voz/não voz envolve a identificação das regiões do discurso em que existe uma atividade glótica significativa (ou seja, a vibração das pregas vocais). Estas regiões do discurso são geralmente designadas por discurso vocalizado. As regiões de fala sem voz incluem tanto o silêncio (ruído de fundo) como a fala sem voz (como as fricativas sem voz e as paragens) [9]. O trato vocal é o percurso através dos órgãos vocais humanos que produzem a fala. O som acústico específico que é criado depende da ação e da posição dos órgãos vocais. Os órgãos vocais moldam as características de frequência do ar vibrante que viaja através do trato vocal.

Os discursos sonoros são produzidos através da vibração das cordas vocais. O fluxo de ar que sai dos pulmões e sobe pela traqueia é modulado por vibrações das pregas vocais, localizadas na laringe. Os sons vocálicos incluem todas as vogais inglesas e algumas consoantes, como /m/, /n/, /l/, /w/, /b/, /d/, /g/, /v/ e /z/. Os sons não sonoros são produzidos por um fluxo de ar turbulento que atravessa alguma constrição no trato vocal, sem vibração das cordas vocais. Os sons não sonoros incluem consoantes como /p/, /t/, /k/, /f/. O silêncio é produzido pela ausência de sons da fala. O sinal de um som vocal é mais ou menos periódico, enquanto um sinal não vocal é semelhante a um ruído.

A classificação correcta de um sinal sonoro como sonoro, surdo ou silencioso é essencial em vários sistemas de processamento da fala. Os algoritmos de deteção de vozes têm mais aplicação no domínio do processamento da fala, como a codificação da fala, a análise da fala, a síntese da fala, o reconhecimento automático da fala, a supressão e a melhoria do ruído, a deteção do tom, a deteção da atividade vocal, a identificação do locutor e o reconhecimento de patologias da fala.

São vários os aspectos a analisar e a ter em conta no desenvolvimento de um sistema de deteção de voz/não voz/ruído, tais como a complexidade do algoritmo, o atraso introduzido (e, por conseguinte, a duração da janela de análise em que a decisão é tomada), a robustez ao ruído (que é principalmente o ruído de canal e/ou de fundo), o desempenho global do sistema, as classes fonéticas a considerar (silêncio/ruído de fundo, sons mistos, etc.) e a base de dados de treino e de teste utilizada para conceber e testar o algoritmo (nomeadamente a duração, o número de falantes diferentes, o número de línguas, os tipos de ruído digitalmente adicionados, a frequência de amostragem, etc.).), bem como a base de dados de treino e de teste utilizada para conceber e testar o algoritmo (nomeadamente a duração, o número de locutores diferentes, o número de línguas, os tipos de ruído digitalmente adicionados, a frequência de amostragem, etc.).

A deteção e a classificação de voz, ausência de voz e silêncio podem ser efectuadas utilizando a análise temporal e espetral do sinal de fala. Propõe-se que a análise espetral do segmento de fala e a extração de padrões do segmento contenham informações importantes sobre a distinção entre ruído e forma de onda de fala, forma de onda de consoantes e vogais, forma de onda de fala sonora e não sonora e sobre o local e o modo de articulação. Um exemplo de forma de onda de fala anotada e o seu espetrograma[4] representando a versão amárica da frase "Abebe chegou (λ∩∩ ᴧᴧ)" falada por um homem adulto é apresentado na Figura 1.1.

---

4 Uma representação gráfica do som em que o tempo está no eixo horizontal e a frequência está no eixo vertical. A intensidade é mostrada por uma representação em escala de cinzentos (quanto mais escura for a representação, maior é a intensidade) ou por uma representação a cores (quanto mais brilhante for a cor, maior é a intensidade). [15]

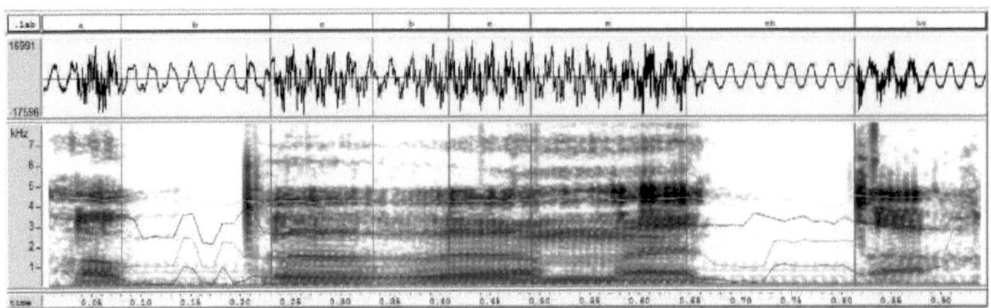

Figura 1.1: Forma de onda da fala (superior) e espetrograma (inferior) da frase[i] λ∩∩ "" "i"

É óbvio que os utilizadores precisam de utilizar as tecnologias da informação de forma a simplificar a sua vida. Este interesse notório dos utilizadores leva à ideia do processamento da fala. O processamento da fala, especificamente a extração e a classificação do sinal de fala em sonoro, não sonoro e ruído, fornece uma segmentação acústica preliminar para aplicações de processamento de sinais de áudio, como a codificação da fala, a análise da fala, a síntese da fala, o reconhecimento automático da fala, a supressão e o melhoramento do ruído, a deteção do tom, a deteção da atividade vocal, a identificação do locutor e o reconhecimento de patologias da fala.

1.2 Declaração do problema

A classificação correcta de um som em sonoro, não sonoro e ruído fornece uma segmentação acústica preliminar da fala, que é importante para vários sistemas de processamento da fala. O desempenho desses sistemas, tais como a codificação da fala, a análise da fala, a síntese da fala, o reconhecimento automático da fala, a supressão e o melhoramento do ruído, a deteção do pitch, a identificação do locutor e o reconhecimento de patologias da fala, depende da capacidade do sistema para detetar corretamente os segmentos de fala sonoros, surdos e silenciosos.

Apesar disso, a ausência de uma boa extração de padrões do sistema de deteção de segmentos de fala sonoros/silenciosos limita o desempenho dos sistemas de processamento da fala que requerem a sua utilização. A maioria das abordagens desenvolvidas até à data para a deteção de segmentos de fala sonoros/não sonoros/silêncio utiliza principalmente características temporais da forma de onda para classificar um segmento de fala como sonoro, não sonoro ou silencioso. Isto deve-se principalmente ao facto de todos os segmentos de fala sonoros serem produzidos pela vibração quase periódica das cordas vocais e os não sonoros e silêncios não o serem, o que pode ser facilmente medido na representação temporal do sinal. No entanto, isto deteriora o desempenho do sistema, uma vez que as características da forma de onda se sobrepõem entre categorias e são susceptíveis de classificação incorrecta com a diminuição da relação sinal/ruído (SNR). Isto, por sua vez, diminui o desempenho do sistema de processamento da fala. Além disso, o desempenho dos sistemas de classificação de voz/sem voz/silêncio desenvolvidos até à data não está à altura das normas, ou seja, o seu desempenho é inferior e não satisfaz os requisitos dos sistemas que requerem a sua utilização. Por exemplo, acredita-se que a rede neural artificial (RNA) baseada no reconhecimento automático da fala (ASR) supera a abordagem baseada no HMM, se tal segmentação estiver em vigor para os sistemas RNA, uma vez que a RNA é superior ao HMM no reconhecimento do telefone. Além disso, tanto quanto é do conhecimento do investigador, não existe até à data nenhum sistema de deteção de segmentos de voz sonoros/não sonoros/silêncios que tenha em conta a fala em amárico.

1.3 Objetivo do estudo

1.3.1 Objetivo geral

O objetivo geral deste trabalho de investigação é realizar uma investigação sobre a região sonora/não sonora/silêncio do segmento do sinal de fala utilizando técnicas de aprendizagem automática a partir da caraterística acústica.

1.3.2 Objectivos específicos

A fim de atingir o objetivo geral acima referido, a investigação realizará os seguintes objectivos específicos

❖　Construir um corpus de discurso para frases em amárico.

❖　Extrair características acústicas do sinal de fala.

❖　Determinar as características adequadas para a deteção de vozes.

❖　Determinar o tamanho adequado dos fotogramas para a deteção de vozes.

❖　Construir um modelo adequado de extração e deteção de vozes utilizando os dados de treino.

❖　Implementar um protótipo de deteção de vozes.

❖　Testar e analisar o desempenho do sistema com base nos dados de teste.

❖　Para obter conclusões e recomendações para trabalhos futuros.

1.4 Metodologia

Neste estudo, começámos por estudar minuciosamente as categorias de sons da fala (sonoros, surdos e silenciosos) e as abordagens à deteção de segmentos de fala sonoros/surdos/silenciosos, em paralelo com um levantamento da literatura relevante. Os investigadores também avaliaram e efectuaram uma revisão da literatura sobre a extração e a deteção de sons sonoros, surdos e silenciosos desenvolvida até à data para diferentes línguas.

1.4.1 Recolha de dados

Um corpus de fala é um dos requisitos fundamentais para qualquer investigação relacionada com a deteção de segmentos de fala sonoros, surdos ou silenciosos. O corpus de fala é uma coleção de gravações de fala acessível em formato legível por computador e que possui anotação e documentação suficientes para permitir a reutilização dos dados. Os corpora de discurso padrão são constituídos por um conjunto de treino e conjuntos de teste de avaliação. O conjunto de treino destina-se a recolher dados de fala para treinar o modelo e o conjunto de teste de avaliação destina-se à avaliação final do modelo de voz/sem voz/silêncio.

Para este estudo, é recolhido um corpus de fala de diferentes fontes para estudar as características espectrais e temporais do sinal de fala com vista à deteção de segmentos de fala sonoros, surdos e silenciosos. A seleção das frases visa obter uma coleção de frases foneticamente rica e equilibrada. As frases são seleccionadas a partir de diferentes fontes amáricas, tais como notícias políticas, notícias económicas, notícias desportivas e notícias sobre saúde, que contribuem para a inclusão de todos os fones amáricos. Foi recolhido um total de 900 frases. As frases recolhidas foram gravadas por um locutor do sexo masculino num ambiente normal.

1.4.2 Preparação de dados

As frases preparadas são digitalizadas utilizando um software de gravação áudio com uma frequência de amostragem de 48 KHz, um tamanho de amostra de 16 bits e um canal mono. O processo de gravação é efectuado num ambiente tranquilo, utilizando um microfone. Os dados de treino e de teste são gravados no mesmo ambiente para normalizar o efeito do ruído.

O sinal digitalizado é janelado com uma janela retangular de vários tamanhos e é processado quadro a quadro. Na fase de processamento quadro a quadro, o sinal de voz é segmentado num quadro não sobreposto de amostras, cada uma das quais com o mesmo tamanho de janela. O sinal é processado quadro a quadro até que todo o sinal de fala seja coberto. Foi obtido um vetor de características a partir de cada fotograma da fala e foram utilizados 20, 25, 30 e 35 ms de tamanho de fotograma. O vetor de características era uma combinação de 13 coeficientes cepstrais e duas características temporais da forma de onda, a taxa de cruzamento zero e a energia. Os coeficientes cepstrais foram derivados da análise LPC de 12 pólos e de 13 MFCC. O método de autocorrelação da modelação autoregressiva (AR) é utilizado para encontrar os coeficientes LP.

O vetor de características completo obtido a partir do sinal de voz é dividido aleatoriamente em dois: 66,67% para treino e os restantes 33,33% para testar o sistema.

1.4.3 Modelação

O estudo utilizou a abordagem da rede neural artificial (RNA), que consiste num grupo interligado de neurónios artificiais e processa a informação utilizando uma abordagem conexionista da computação. A abordagem da rede neural foi escolhida porque oferece numerosas vantagens para desenvolver um algoritmo eficiente de deteção de voz/sem voz/silêncio [24].

Com base na avaliação e no estudo dos sons da fala, é desenvolvido um algoritmo de extração e deteção de sons sonoros/não sonoros/silêncios que seja adequado e eficiente.

1.4.4 Ferramentas e implementação

Na realização da investigação, extração e deteção de sinais de fala sonoros/não sonoros/silêncios utilizando a informação no domínio da frequência, são utilizados o Matlab 7.9, especificamente a caixa de ferramentas de processamento de sinais do Matlab, e métodos (funções) de processamento de sinais de fala para implementar o modelo. O Wavesurfer e o Audicity são utilizados como uma das principais ferramentas de desenvolvimento para registar e preparar a representação do domínio da frequência dos sinais de fala para análise acústica. A ferramenta de aprendizagem automática Weka 3.6 é utilizada para a análise e a experiência de aprendizagem automática.

A razão subjacente à escolha destas ferramentas é o facto de serem adequadas para realizar diferentes tarefas de processamento e análise de sinais de voz e processos de aprendizagem automática.

1.4.5 Análise experimental

Tal como referido na secção 1.4.2, o vetor de características recolhido é dividido aleatoriamente em dois: o conjunto de dados de treino, que é utilizado para treinar o protótipo do modelo, e o conjunto de dados de teste, que é utilizado para testar o modelo.

Depois de o modelo de voz/sem voz/silêncio ser desenvolvido, o modelo é testado. O modelo é treinado utilizando os dados de fala seleccionados para treino. O desempenho do modelo em cada categoria de discurso também é avaliado. A exatidão é considerada como a medida de desempenho do modelo. A precisão é a proximidade da concordância entre o resultado do teste e o valor de referência aceite (o discurso marcado manualmente). Em seguida, a avaliação do desempenho é feita através da ferramenta de aprendizagem automática Weka, contando o número de detecções correctas de vozes/não vozes/silêncios que o sistema efectuou, comparando-as com as contrapartes categorizadas manualmente, o que, por sua vez, pode ser expresso em percentagem. Esta atividade é realizada através de experiências repetidas nos conjuntos de treino e de teste até se obterem resultados satisfatórios.

1.5 Aplicação dos resultados e beneficiários

Como especificado na Secção 1.1, há muitas vantagens em desenvolver um algoritmo de deteção de vozes. Em primeiro lugar, é a base para o desenvolvimento de outras aplicações eficientes e de nível superior dos sistemas de processamento da fala, tais como a codificação da fala, a análise da fala, a síntese da fala, o reconhecimento automático da fala, a supressão e o melhoramento do ruído, a deteção do tom, a deteção da atividade vocal, a identificação do locutor e o reconhecimento das patologias da fala. Assim sendo, os beneficiários deste estudo serão:

❖ Investigadores que pretendam realizar investigação nos domínios de aplicação acima referidos.

❖ Profissionais da área da linguística que pretendam realizar investigação sobre as categorias sonoras do discurso e a sua extração e deteção.

❖ Profissionais da área da linguística que pretendam aprender e utilizar a deteção da atividade glótica (deteção da atividade vocálica) do som da fala.

1.6 Âmbito do estudo

O estudo efectuará a deteção de segmentos de discurso sonoros, surdos e silenciosos em dados de discurso recolhidos num ambiente normal de um orador em discursos em língua amárica. O sistema pode não apresentar o mesmo desempenho em dados de fala recolhidos num ambiente diferente para um orador diferente e para outras línguas que não o amárico.

1.7 Organização da tese

A tese está organizada em seis capítulos. O primeiro capítulo descreve a parte introdutória. O segundo capítulo trata da revisão da literatura e dos trabalhos relacionados. Descreve as abordagens utilizadas até à data para a deteção de vozes e os trabalhos efectuados com base em regras, estatísticas e redes neuronais. Também se centra no estudo e na avaliação da natureza e da estrutura da produção e da articulação da fala. Após o estudo aprofundado das características dos sons da fala, o capítulo três trata do janelamento e da extração de características. Posteriormente, o quarto capítulo trata da arquitetura e da conceção do classificador de voz/sem voz/silêncio, da preparação do corpus e da implementação das ferramentas de pré-processamento e dos algoritmos para a arquitetura. O quinto capítulo centra-se principalmente na análise experimental do classificador de voz/sem voz/silêncio efectuada para este estudo. Finalmente, o último capítulo é dedicado às conclusões, que incluem um resumo do trabalho efectuado e recomendações para trabalhos futuros.

CAPÍTULO DOIS

REVISÃO DA LITERATURA E TRABALHOS RELACIONADOS

2.1 Produção da fala humana

Na produção dos diferentes sons da fala, estão envolvidos diferentes órgãos (partes do corpo humano que estão envolvidas de várias formas na produção da fala). O trato vocal é o trajeto através dos órgãos vocais humanos que produzem a fala. Os principais órgãos da fala incluem: lábios, dentes, rebordo alveolar, palato, véu, úvula, língua, cavidade bucal, cavidade nasal, faringe, epiglote, esófago, glote e laringe. O som acústico específico que é criado depende da ação e da posição dos órgãos vocais. Os órgãos vocais moldam as características de frequência do ar vibrante que viaja através do trato vocal.

Estes órgãos são classificados em duas categorias: articuladores *activos* e *passivos*. Os articuladores activos normalmente movem-se ou fazem uma constrição ativa quando produzem um som. Estes incluem o velum, a mandíbula, a lâmina da língua, a ponta da língua, o corpo da língua, a raiz da língua e os lábios. Por outro lado, os passivos ficam normalmente parados e são abordados pelos órgãos activos. Estes são o rebordo alveolar, o palato duro, os dentes e a úvula.

A Figura 2.1 apresenta um esquema simplificado dos operadores vocais primários do trato vocal. O diafragma expande-se e contrai-se, ajudando os pulmões a forçar o ar através da traqueia, das cordas vocais e, finalmente, das cavidades nasais e orais. O ar flui através da língua, dos lábios e dos dentes e sai pelas narinas e pela boca. A glote (abertura formada pelas cordas vocais ou pregas vocais) pode permitir que o ar dos pulmões passe relativamente desimpedido ou pode dividir o fluxo em impulsos periódicos. O velum pode ser levantado ou abaixado para bloquear a passagem ou permitir o acoplamento acústico da cavidade nasal. A língua e os lábios, em conjunto com o maxilar inferior, actuam para proporcionar vários graus de constrição em diferentes locais. A língua, os lábios e a mandíbula são agrupados sob o título de *articuladores*, e uma configuração particular é chamada de *posição articulatória* ou *gesto articulatório*.

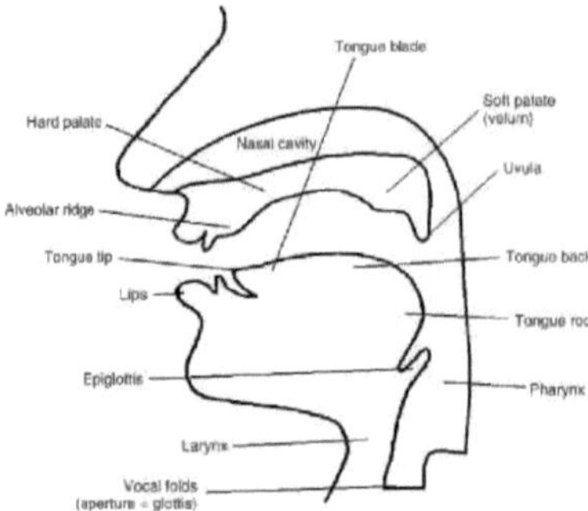

Figura 2.1: Articuladores primários do trato vocal

2.1.1 Excitação

Os sons da fala são produzidos quando o ar é expulso dos pulmões e convertido em energia flutuante. O ar dos pulmões sobe pela traqueia até à laringe, onde tem de passar entre duas pequenas pregas musculares chamadas pregas vocais. Esta fonte de ar e a natureza do seu fluxo são designadas por *sinal de excitação*. A excitação pode ser considerada sonora ou surda. Se as pregas vocais estiverem afastadas, como acontece normalmente ao expirar, o ar dos pulmões terá uma passagem relativamente livre para a faringe e a boca. Mas se as pregas vocais estiverem ajustadas de modo a que haja apenas uma passagem estreita entre elas, a corrente de ar fá-los-á vibrar. Os sons produzidos quando as pregas vocais estão a vibrar são ditos vocais, por oposição àqueles em que as pregas vocais estão afastadas, que são ditos não vocais/sem voz [19]. Todos os fonemas vocálicos são classificados como sonoros, enquanto os fonemas consonantais podem ser classificados como sonoros ou surdos. Alguns fonemas consonantais sonoros incluem /b/, /d/, /g/, /v/, /z/. Cada uma destas obstruintes tem uma contraparte surda, /p/, /t/, /k/, /f/, /s/ [20].

Os dois tipos de excitação (sonora e não sonora) são produzidos por mecanismos diferentes em locais diferentes do trato vocal. Tendo em conta este facto, é também possível que ambos estejam presentes ao mesmo tempo numa excitação mista. O aspeto simultaneamente periódico e ruidoso do som /z/ é um exemplo. A classificação deste som depende do ponto de vista: do ponto de vista fonético, o som /z/ tem uma excitação periódica, pelo que é considerado sonoro. Mas, do ponto de vista de querer representar esse som num codificador de fala, tanto os atributos periódicos como os ruidosos estão presentes e são perceptualmente significativos, daí a rotulagem *mista*.

2.1.2 Trato vocal

Dada a excitação como sonora ou não sonora, a forma do trato vocal, e a forma como muda ao longo do tempo, é outro determinante primário de um determinado som da fala. Para formar consoantes, o fluxo de ar através do trato vocal deve ser obstruído de alguma forma. As consoantes podem ser classificadas de acordo com o local e a forma de articulação.

O trato vocal tem frequências naturais de vibração específicas, como todos os tubos cheios de fluido. Estas frequências ressonantes, ou ressonâncias, mudam quando a forma e a posição dos articuladores vocais mudam. As ressonâncias do trato vocal moldam a distribuição de energia ao longo da gama de frequências do som da fala. Estas ressonâncias produzem picos no espetro que estão localizados em frequências específicas para uma determinada forma física do trato vocal. As ressonâncias são referidas como *formantes* e as suas localizações de frequência como *frequências de formantes*.

2.1.2.1 Local de Articulação

O local de articulação, também chamado ponto ou área de articulação, refere-se aos diferentes locais de articulação onde são articulados os possíveis sons da fala humana. Os principais articuladores que podem causar uma obstrução na maioria das línguas são os lábios, a ponta e a lâmina da língua e o dorso da língua. Os gestos de fala que usam os lábios são chamados articulações **labiais**; os que usam a ponta e a lâmina da língua são chamados articulações **coronais**; e os que usam a parte de trás da língua são chamados articulações **dorsais** [19]. Por exemplo, a palavra amárica "mQi" (guarda) começa com uma consoante coronal; no meio há uma consoante labial; e no fim uma consoante dorsal.

Estes termos, no entanto, não especificam os gestos articulatórios com detalhes suficientes para muitos propósitos fonéticos. É possível identificar o local de articulação especificando a sua distância ao longo do comprimento do trato vocal a partir da glote, utilizando investigações acusticamente orientadas.

Os locais de articulação são identificados pelas principais zonas do trato vocal que estão envolvidas na articulação dos sons. A maioria dos sons tem o nome do sítio onde se formam. A discussão que se segue é feita sobre os diferentes tipos de sons de acordo com os seus nomes.

A. Bilabiais

Os sons bilabiais, bi significa dois e labial significa lábios, são sons produzidos quando os lábios superior e inferior se aproximam. Alguns sons consonantais como /p/, /b/ e /m/ são produzidos quando o lábio inferior se articula contra o lábio superior. Os lábios não são importantes apenas na produção de sons consonantais, mas também na descrição das vogais. Na produção dos sons da fala, os lábios ajudam a formar diferentes vogais, em parte modificando a forma de abertura da boca. Ao produzir sons bilabiais, podemos dizer que o lábio inferior é o articulador ativo que se move para cima, enquanto o lábio superior, embora se mova, pelo menos um pouco, é considerado passivo.

B. Labiodentais

Os sons labiodentais são produzidos quando o lábio inferior encosta nos dentes superiores. Estes sons incluem o /f/ sem voz e o seu equivalente sonoro /v/. Nestes tipos de sons, o lábio inferior é o articulador ativo enquanto os dentes superiores são passivos.

C. Dentistas

As dentais são sons formados quando a ponta da língua se articula atrás dos dentes frontais superiores. Os primeiros sons das palavras amáricas "-M>-" (parar) e "£®Λ" (ele chamou) são dentais. Esses sons também são chamados de interdentais porque são produzidos quando a ponta da língua fica entre os dentes superiores e inferiores (também são chamados de sons lamino-dentais). Estes sons envolvem os dentes superiores como articulador passivo. O articulador ativo pode ser a ponta da língua ou a lâmina da língua.

D. Alveolares

Estes sons são produzidos quando a ponta e/ou a lâmina da língua entram em contacto com a crista alveolar, que é a crista óssea rugosa imediatamente atrás e acima dos dentes superiores. Os sons iniciais nas palavras amáricas "Λ""/" (ele implorou), "H£ï" (ele cantou) e "Λ""/." (accomplished) são todos alveolares. Os sons alveolares em inglês incluem /t/, /d/, /s/, /z/ e /n/. Entre esses sons, /t/ e /s/ são sons surdos, enquanto os demais são sonoros. Existem também outros sons alveolares em inglês, como /l/ e /r/, ambos sonoros. Os sons iniciais das seguintes palavras lip, lion, right e room também são alveolares. Na produção destes sons, o rebordo alveolar participa como articulador passivo, enquanto a lâmina da língua ou (normalmente) a ponta da língua participa como articulador ativo.

E. Pós-alveolares

São sons que se formam quando a frente da língua se articula imediatamente atrás da crista dos dentes. Eles também são chamados de palato-alveolares. Estes sons incluem /ʃ/ (sh/s/ti como em share, sure, emotion, respetivamente) e /ʒ/ (s/ge/z como em measure, **beige**, **seizure**, respetivamente). Estes sons envolvem a área atrás do rebordo alveolar como articulador passivo, enquanto o articulador ativo é geralmente a lâmina ou a ponta da língua.

F. Retroflex

Estes sons são produzidos quando a ponta da língua é enrolada para trás, passando pelo rebordo alveolar. Muitos falantes de inglês não usam sons retroflexos [19]. Alguns exemplos deste grupo de sons ocorrem inicialmente em palavras como "rye" e "row". Os falantes que pronunciam o /r/ no final das palavras também podem ter sons retroflexos com a ponta da língua levantada em "ire", "hour" e "air". No retroflexo, a ponta da língua é o articulador ativo, enquanto o rebordo alveolar é passivo. Outras consoantes retroflexas comuns são as correlatas retroflexas de /t/ e /d/ - /ʈ/ e /d/ -

ouvidas em muitas línguas indianas, como o hindi, e também no inglês falado por nativos dessas línguas [7].

G. Palatais

Os sons palatais são sons produzidos quando a parte da frente da língua se articula contra o palato duro. Quanto mais sentimos atrás do rebordo alveolar, mais encontramos uma parte dura no céu da boca. Esta parte é designada por palato duro ou simplesmente palato. Por outras palavras, os sons que são produzidos com a língua e o palato chamam-se palatais ou alvéolo-palatais. Os primeiros sons das palavras church e judge /c/ e /j/, respetivamente, são palatais. Na articulação dos sons palatais, o articulador ativo é o corpo da língua e o passivo é o palato duro.

H. Velares

Mais atrás no céu da boca, para além do palato duro, encontramos uma área macia chamada palato mole ou velum. Os sons que são articulados quando a parte de trás da língua se aproxima do palato mole são chamados velares. Os primeiros sons das palavras carro e portão /k/ e /g/ são sons velares, respetivamente. O velum também pode ser baixado para permitir o fluxo de ar através da cavidade nasal e, assim, produzir um som velar que é representado pelo símbolo IPA /g/, tipicamente referido como 'angma'. O articulador ativo na geração de sons velares é o corpo da língua e o passivo é o palato mole ou o velum.

I. Uvulares

Os sons uvulares são produzidos pela parte de trás da língua contra a úvula - o apêndice carnudo que se encontra na parte de trás do palato mole. Por outras palavras, os sons uvulares são sons produzidos quando a parte de trás da língua, que é um articulador ativo, e a úvula, um articulador passivo, formam uma constrição ou um fecho.

Como referido em [7], o /r/ do francês "standard" é uvular, e esta qualidade pode ser ouvida em alguns dialectos regionais do inglês, especialmente no nordeste de Inglaterra. As consoantes plosivas uvulares são encontradas no árabe, por exemplo, e são transcritas /q/ e /G/ para os tipos sem voz e com voz, respetivamente.

J. Faringe

As faríngeas são sons que se articulam quando se forma uma constrição na faringe, a cavidade tubular que constitui a garganta acima da laringe. As consoantes faríngeas ocorrem em línguas como o árabe e o hebraico. Não ocorrem como sons da fala em inglês, mas efeitos semelhantes podem ser ouvidos em sussurros de palco.

K. Glotais

Os sons glóticos são produzidos na laringe devido ao fecho ou estreitamento da glote, a abertura entre as pregas vocais. São produzidos quando a glote está aberta, como na produção de outros sons sem voz, e não há manipulação do ar que sai da boca.

2.1.2.2 Modo de articulação

Na descrição dos sons da fala, para além dos locais de articulação, também se considera o modo de articulação. Trata-se da forma como os sons da fala são pronunciados. O modo de articulação também se refere ao grau de constrição, o grau de proximidade entre os órgãos. Este parâmetro ajuda-nos a fazer uma distinção entre sons formados no mesmo local de articulação. Por exemplo, /t/ e /s/ são ambos alveolares, mas diferem no seu modo de articulação, ou seja, na forma como são pronunciados.

Para produzir sons de fala muito diferentes, a excitação é alterada por diferentes categorias gerais das configurações do trato vocal. Por exemplo, os sons das vogais são produzidos por excitação periódica e o fluxo de ar passa através do trato vocal sem restrições. Esta configuração aberta, mas não uniforme, produz as ressonâncias associadas às frequências dos formantes. Numa analogia livre, isto é semelhante às ressonâncias produzidas ao soprar através de um tubo aberto. Segue-se uma análise pormenorizada das classes de sons da fala por modo de articulação.

A. Plosivas/Paradas

As plosivas, também chamadas "stops", resultam da libertação súbita de uma pressão de ar aumentada devido a uma restrição completa do fluxo de ar. É o caso em que o articulador ativo toca o articulador passivo e corta completamente o fluxo de ar através da boca. Ladefoged [19] identificou dois tipos de paragens: **orais** e **nasais**. As paragens orais são paragens formadas quando o palato mole é levantado de modo a que o trato nasal seja bloqueado, o que significa que o fluxo de ar fica completamente obstruído. A pressão na boca acumula-se e forma-se uma paragem oral. Quando os articuladores se separam, a corrente de ar é libertada numa pequena explosão de som. Este tipo de som ocorre nas consoantes das palavras "play, buy" (fecho bilabial), "time, dance" (fecho alveolar) e "kick, garage" (fecho velar). O segundo domínio trata das nasalizações. Se o ar é parado na cavidade oral, mas o palato mole é abaixado para que possa sair pelo nariz. Podemos encontrar sons deste género no início das palavras "my" (fecho bilabial), "nose" (fecho alveolar) e no final da palavra "hang" (fecho velar).

As paragens podem ser sonoras, como o som /b/, ou surdas, como o som /p/. A diferença entre os fonemas plosivos não vozeados e os fonemas plosivos vozeados não é apenas uma questão de presença ou não de vozeamento (articulatório). Em vez disso, inclui o momento em que o vozeamento começa (se é que começa), a presença de aspiração (explosão de fluxo de ar após a libertação do fecho) e a duração do fecho e da aspiração.

B. Fricativas

Por vezes chamadas espirantes, são sons produzidos quando dois órgãos se aproximam tanto que o ar que se move entre eles produz uma fricção audível. As fricativas não têm componente periódico e são o resultado de um fluxo de ar constante que encontra alguma constrição. Exemplos de fricativas são /s/ e /f/. De acordo com Ladefoged [19], o mecanismo de produção destes sons parece o vento a assobiar numa esquina. As primeiras consoantes em fine, viva (labiodentais), this, that (dentais/interdentais), size, zoo (alveolares) e shy (postalveolares) são exemplos de sons fricativos.

C. Africados

As africadas podem ser vistas como uma sequência de uma paragem e uma fricativa que têm os mesmos locais de articulação. Por outras palavras, é um caso em que um único articulador efectua primeiro uma plosiva, depois uma fricativa, articulando no mesmo local, ou num local próximo; o palato mole está levantado. Os primeiros sons nas palavras church, judge transcritos como /tʃ/ e /d3/ são africados.

D. Laterais (aproximados)

Estes tipos de sons formam-se quando um articulador ativo efectua um fecho parcial na boca, permitindo que os seus lados fiquem livres de qualquer contacto; o velum é elevado. São também designados por aproximantes laterais. Por exemplo, diga a palavra "lie" e observe como a língua toca perto do centro do rebordo alveolar. Prolongue a consoante inicial e repare como, apesar do fecho formado pela língua, o ar sai livremente, pelo lado da língua. Como não há paragem do ar, nem sequer ruídos de fricativas, estes sons são classificados como aproximantes.

E. Nasal

As consoantes nasais são produzidas baixando o velum para que o ar possa fluir através da cavidade nasal. Ao mesmo tempo, uma constrição completa na boca impede o fluxo de ar através dos lábios. Os exemplos mais comuns de nasais são /m/, /n/ e /ng/.

F. Sonorantes

Os outros sons do inglês, as vogais, as nasais /m/, /n/, /ng/ e os aproximantes /l/, /r/, /w/, /j/ (o último escrito como a letra inglesa /y/) são chamados *sonorantes*.

2.1.3 Sinais acústicos

Há uma série de pistas acústicas de um som da fala utilizadas por um ouvinte para perceber corretamente o fonema subjacente.

Vogais: As frequências dos formantes foram determinadas como sendo um fator primário na identificação de uma vogal. As experiências auditivas de Peterson e Barney mapeiam aproximadamente os dois primeiros formantes (F1 e F2) para a identificação da vogal. Os formantes superiores também desempenham um papel na identificação das vogais. Outro fator na perceção das vogais é a nasalização, que é assinalada principalmente pelo aumento da largura de banda do primeiro formante (F1) e pela introdução de zeros.

Consoantes: A identificação de consoantes depende de vários factores, incluindo os formantes da consoante, as transições de formantes para os formantes da vogal seguinte, o vozeamento (ou não vozeamento) das pregas vocais durante ou perto da produção da consoante, e o tempo relativo da consoante e o início da vogal seguinte.

Cada movimento e postura articulatória tem os seus próprios efeitos acústicos. Os sons vocais são essencialmente produzidos devido às vibrações das cordas vocais e tendem a ser mais agudos e oscilatórios. Os sons não vocais tendem a ser mais abruptos e mais sonoros.

2.2 Abordagens à deteção de vozes

Até à data, foram efectuados muitos estudos sobre a deteção de vozes e foram utilizadas diferentes abordagens para a classificação de vozes/não vozes/silêncio, sendo as mais conhecidas a abordagem baseada em regras, a abordagem estatística e a abordagem por redes neuronais. Todos os métodos propostos têm os seus méritos e a preferência por um em detrimento de outro.

Neste capítulo, foram examinados três modelos diferentes, nomeadamente o modelo baseado em regras, o modelo estatístico e o modelo de rede neural. A abordagem baseada em regras, tal como o seu nome indica, baseia-se em regras que podem ser criadas manualmente ou aprendidas por máquinas. As regras são os elementos importantes para anotar os segmentos de fala na abordagem baseada em regras. O detetor baseado em estatísticas baseia-se na propriedade estatística dos sinais de fala. Essa propriedade estatística pode ser a probabilidade de distribuição dos sinais de fala com etiquetas, que pode ser obtida durante a fase de treino do sistema. Finalmente, os detectores de redes neuronais (NN) utilizam características acústicas dos sinais de fala que podem ser extraídas da forma de onda da fala ou do espetrograma para classificar as categorias de fala.

Esta secção trata principalmente das abordagens mais comuns à deteção do vozeamento e dos trabalhos relacionados com este trabalho de tese. Por conseguinte, as abordagens utilizadas até agora são descritas em pormenor nas secções seguintes.

2.2.1 Abordagem baseada em regras

A abordagem baseada em regras utiliza regras para identificar as regiões do discurso em que existe uma atividade glótica significativa (ou seja, a vibração das pregas vocais). Estas regiões do discurso são geralmente designadas por discurso sonoro. As regiões do discurso não vocalizadas podem incluir tanto o silêncio como o discurso não vocalizado. As regras baseiam-se no conhecimento de informações específicas (propriedades) extraídas do segmento de voz e na definição de valores-limite para identificar/detetar regiões do discurso como sonoras/não sonoras/silêncio. A abordagem baseada em regras, como o seu nome indica, baseia-se em regras que são elaboradas manualmente ou aprendidas por máquinas. As informações específicas (propriedades) utilizadas para definir as regras podem ser obtidas através de dois métodos básicos que extraem informações úteis da análise das variações nas sequências dos segmentos de fala utilizados: *métodos no domínio do tempo* e *métodos no domínio da frequência*.

Os métodos no domínio do tempo e no domínio da frequência para a abordagem baseada em regras medem uma ou mais características acústicas que reflectem as características de produção dos sons, tais como a energia, a periodicidade, a correlação a curto prazo, o cepstrum e uma distância LPC. As decisões de voz/não voz/silêncio são tomadas através da fixação de limiares nos valores de parâmetros individuais (escolhidos empiricamente), e as decisões são combinadas de forma hierárquica.

Em [3], foi desenvolvido um método baseado em regras para classificar a fala em sonora/não sonora usando a taxa de cruzamento zero e a energia de um sinal de fala. Neste trabalho, foram combinadas duas características acústicas: a taxa de cruzamentos zero e a energia do sinal. A contagem de cruzamentos zero é um indicador da frequência em que a energia está concentrada no espetro do sinal. A fala vocalizada é produzida devido à excitação do trato vocal pelo fluxo periódico de ar na glote e, normalmente, apresenta uma contagem baixa de cruzamentos zero, enquanto a fala não vocalizada é produzida pela constrição do trato vocal suficientemente estreito para causar um fluxo de ar turbulento que resulta em ruído e apresenta uma contagem alta de cruzamentos zero. A energia de um discurso é outro parâmetro utilizado para classificar as partes sonoras e não sonoras. A parte vocalizada do discurso tem uma energia elevada devido à sua periodicidade e a parte não vocalizada do discurso tem uma energia baixa.

É determinado um limiar de voz que tem em conta a energia de silêncio e a energia de pico. Inicialmente, assume-se que os pontos finais ocorrem onde a energia do sinal cruza este limiar. As correcções a estas estimativas iniciais são feitas calculando a taxa de passagem por zero na vizinhança dos pontos finais e comparando-a com a do silêncio. Se ocorrerem mudanças detectáveis na taxa de passagem por zero fora dos limiares iniciais, os pontos finais são redesenhados para os pontos em que as mudanças ocorrem. Se a taxa de passagem por zero for alta e a energia for baixa, o sinal de fala é surdo, enquanto que se a taxa de passagem por zero for baixa e a energia for alta, o sinal de fala é sonoro.

2.2.2 Abordagem estatística

Os modelos estatísticos, tais como os modelos de mistura gaussiana (GMM) ou os modelos de Markov ocultos (HMM), são também utilizados para combinar as evidências de múltiplas características para detetar segmentos de fala com voz, sem voz ou em silêncio. Estes métodos não dependem criticamente da definição de limiares, mas requerem dados de treino para os diferentes tipos de segmentos de fala. As abordagens estatísticas assumem diferentes modelos de processos aleatórios para o discurso e o ruído de fundo, e estimam os parâmetros das distribuições subjacentes. O desempenho destas abordagens depende da escolha das distribuições de probabilidade e da capacidade de estimar os parâmetros da distribuição do ruído [9].

Os algoritmos que não utilizam limiares podem ser uma melhoria em relação aos algoritmos que utilizam limiares para a deteção de segmentos de fala com voz, sem voz ou em silêncio. Tais exigências satisfazem a utilização de algoritmos de classificação estatística.

O método estatístico mais utilizado para a deteção de vozes é o modelo de Markov oculto (HMM). É a função probabilística do processo de Markov, um processo que se move de estado para estado, da esquerda para a direita nos estados, para encontrar uma sequência de estados óptima. Um HMM é caracterizado pelos seguintes critérios [12]:

❖ Um conjunto finito de estados, cada um dos quais associado a uma distribuição de probabilidade

❖ As transições entre os estados são regidas por um conjunto de probabilidades denominadas probabilidades de transição.

❖ Num determinado estado, pode ser gerado um resultado ou observação de acordo com a distribuição de probabilidade associada. A observação é visível e os estados estão ocultos para o observador, daí o nome Modelo de Markov Oculto.

Existem duas abordagens para a deteção de segmentos de fala sonoros, surdos e silenciosos utilizando HMM [31]. A primeira baseia-se no treino separado do HMM e no teste subsequente. Após o treino, os HMM não alteram os seus parâmetros e o modelo é insensível às alterações do ambiente - deteção sem adaptação. A segunda abordagem combina as etapas de formação e teste - deteção com adaptação.

Quando o modelo HMM é aplicado à deteção de vozes, os estados ocultos são as categorias de vozes, não vozes e silêncio e as sequências de fotogramas de fala são a sequência de observações. A probabilidade de transição na deteção de vozes é a probabilidade de passar de uma categoria para a seguinte e a probabilidade de emissão é a probabilidade de obter uma categoria de fala Ci no quadro

Fi. O algoritmo pode ser treinado utilizando o algoritmo de maximização da expetativa (EM) ou o algoritmo de Baum-Welch.

Para avaliar o desempenho do modelo de deteção de segmentos de fala sonoros/sem voz/silêncio concebido por este método, é necessário apresentar vários tipos de sinais de entrada e monitorizar a correspondência entre a categoria do segmento de fala detectado e a categoria real do segmento de fala. Num método HMM, não necessitamos de quaisquer pressupostos sobre a categoria de discurso. As características dos segmentos de fala sonoros, surdos e silenciosos já estarão implícitas no próprio modelo durante o procedimento de treinamento.

2.2.3 Abordagem de rede neural

Atualmente, as redes neuronais são utilizadas para resolver uma grande variedade de problemas. Estas aplicações, às quais pode ser aplicada uma abordagem de redes neuronais, enquadram-se numa das três categorias seguintes:

❖ Previsão: previsão de um ou mais valores da(s) variável(eis) dependente(s) a partir dos valores de entrada da(s) variável(eis) independente(s),

❖ Classificação: classificação dos dados de entrada numa de duas ou mais categorias, ou

❖ Clustering: descoberta de padrões, normalmente espaciais ou temporais, entre um conjunto de variáveis.

As Redes Neuronais (RN) são combinadores de padrões auto-organizados, fornecendo uma saída de classificação para uma entrada confusa ou difusa. Logicamente, são constituídas por um conjunto de nós, ligados por ligações com pesos associados. Em cada nó, os sinais de todas as ligações de entrada são somados de acordo com os pesos dessas ligações e, se a soma satisfizer uma determinada função de transferência, é enviado um impulso para outros nós através de ligações de saída. A aprendizagem em redes neuronais é um tipo de aprendizagem supervisionada, o que significa que fornecemos à rede exemplos de entradas e a resposta correcta para essa entrada.

Em [24], é desenvolvido um procedimento para efetuar a classificação de voz/sem voz/silêncio utilizando uma rede multicamada feed-forward (MFN). Uma NMF é uma interconexão de camadas em que os dados e os cálculos fluem numa única direção, da camada de entrada para a camada de saída. Um perceptron é uma rede neuronal que não tem unidades ocultas. O número de camadas numa rede neuronal é o número de camadas de perceptrões. A rede neuronal mais simples é aquela que tem uma única camada de entrada e uma camada de saída de perceptrões. A rede da Figura 2.2 ilustra este tipo de rede. Tecnicamente, esta rede é designada por rede de alimentação com uma camada, porque a camada de saída é a única camada com um cálculo de ativação.

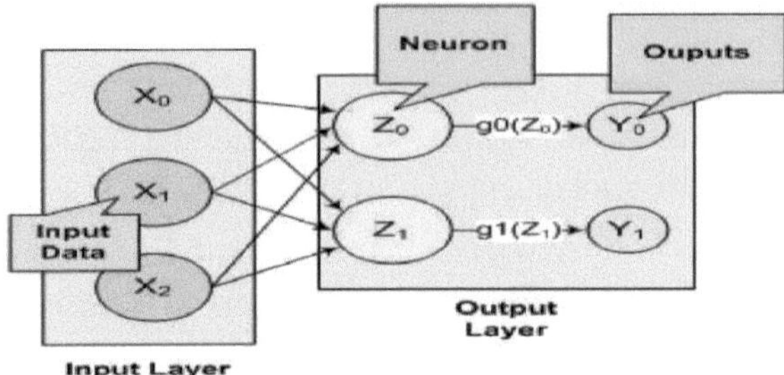

Figura 2.2: Uma rede neural de camada única feedforward

A próxima rede neuronal mais complicada é a que tem duas camadas. Esta camada extra é designada por camada oculta. Em geral, não há restrições quanto ao número de camadas ocultas.

O vetor de características para a classificação do segmento de fala sonoro/não sonoro/silêncio utilizando a rede neuronal pode ser a combinação de coeficientes cepstrais e características da forma de onda [24]. A classificação de voz/não voz/silêncio pode ser feita para cada vetor de características de entrada após a conclusão do treino.

A vantagem única de um MFN é o facto de a regra de decisão poder ser muito mais facilmente sintetizada do que os métodos paramétricos e não paramétricos. A implementação em rede do classificador também promove a perspetiva de construção de hardware de classificação de voz/sem voz/silêncio com mecanismo de treino adaptativo [24].

Um modelo conexionista para a deteção de segmentos de fala sonoros/não sonoros/silêncio pode tomar como entrada um conjunto de parciais espectrais, ou a forma de onda no domínio do tempo, ou a representação do espaço de fase do sinal. A escolha da dimensionalidade e do domínio do conjunto de entrada é crucial para o sucesso de qualquer modelo conexionista. Um problema com os modelos conexionistas é que, mesmo que se encontre um bom modelo, este não fornece qualquer compreensão de como o problema é resolvido.

2.3 Obras relacionadas

Nos últimos anos, os investigadores têm envidado esforços consideráveis para resolver o problema da classificação da fala em partes sonoras/não sonoras/silêncio [3, 8, 9, 24, 26, 31]. Foi aplicada uma abordagem de reconhecimento de padrões e técnicas estatísticas e não estatísticas para decidir se um dado segmento de um sinal de fala deve ser classificado como sonoro, surdo ou silencioso.

Nesta secção, são apresentados diferentes trabalhos sobre a deteção de segmentos de fala sonoros, surdos e silenciosos, começando pelos trabalhos de Atal e Rabiner, seguidos pelos trabalhos de Qi e Hunt e outros. A ordem de apresentação dos trabalhos nesta secção é selecionada com base nas semelhanças dos trabalhos com este trabalho de tese.

Atal e Rabiner [2] descrevem uma abordagem de reconhecimento de padrões para decidir se um determinado segmento de sinal de fala deve ser classificado como fala sonora, fala surda ou silêncio, com base em medições efectuadas no sinal. Os investigadores efectuaram cinco medições diferentes no segmento de fala a classificar. Os parâmetros medidos são a taxa de cruzamento de zeros, a energia da fala, a correlação entre amostras de fala adjacentes, o primeiro coeficiente de previsão de uma análise de codificação preditiva linear (LPC) de 12 pólos e a energia no erro de previsão.

Os investigadores [2] afirmaram que a abordagem de reconhecimento de padrões fornece um método eficaz de combinar as contribuições de um número de medições de fala. Eles afirmaram isso da seguinte forma:

A abordagem de reconhecimento de padrões fornece um método eficaz de combinar as contribuições de uma série de medidas de fala - que individualmente podem não ser suficientes para discriminar entre as classes - numa única medida capaz de fornecer uma separação fiável entre as três classes.

Neste trabalho [2], para cada uma das três classes, uma medida de distância não-euclidiana é calculada a partir de um conjunto de medidas feitas no segmento de fala a ser classificado e o segmento é atribuído à classe com a distância mínima. Tal como referido no documento, a função de distância é escolhida de modo a fornecer um erro de classificação mínimo para medições normalmente distribuídas. Tal como referido neste trabalho, os resultados baseados nas distribuições unidimensionais calculadas das medidas escolhidas sugerem que a hipótese de distribuição normal é razoável.

Como se mostra na Figura 2.3, o sinal de voz é filtrado a 4 kHz, amostrado a 10 kHz e cada amostra é quantizada com uma precisão de 12 bits. Antes de ser analisado, o sinal de voz é filtrado em alta frequência a cerca de 200 Hz para remover qualquer dc, zumbido de baixa frequência ou componentes de ruído que possam estar presentes no sinal de voz. Após a filtragem passa-alto, o discurso é formatado em blocos de 100 amostras (um intervalo de 10 ms a uma frequência de amostragem de 10 kHz); cada bloco tem um intervalo de 100 amostras. Para cada bloco, os investigadores definiram s(n), n = 1, 2, ..., N, como sendo a n-ésima amostra do bloco. As amostras N, N-1, N-2, etc. do bloco anterior são numeradas 0, -1,-2, etc. Assim, s(0) é a última amostra do bloco anterior.

O segmento de fala é atribuído a uma determinada classe com base numa regra de distância mínima obtida sob o pressuposto de que os parâmetros medidos são distribuídos de acordo com a função de densidade de probabilidade gaussiana multidimensional. A média e a covariância da distribuição Gaussiana são determinadas a partir de dados de fala classificados manualmente incluídos num conjunto de treino.

Os investigadores testaram o desempenho do método numa grande variedade de material de fala, tanto para aplicações de síntese de fala como de segmentação. Os investigadores [2] afirmaram que a decisão voz/não voz/silêncio teve um desempenho satisfatório. Afirmaram-no da seguinte forma:

A decisão voz/sem voz/silêncio teve um desempenho satisfatório como parte de um sistema de análise-síntese da fala baseado na previsão linear. Verificou-se que o método fornece uma classificação fiável com segmentos de fala tão curtos como 10 ms e foi utilizado tanto para a análise-síntese da fala como para a aplicação de reconhecimento

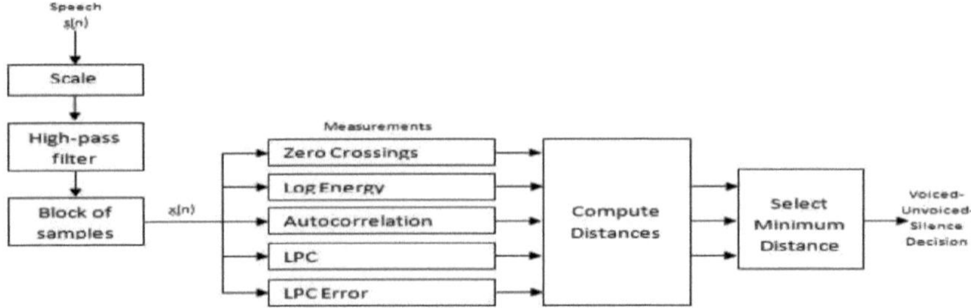

Figura 2.3: Diagrama de blocos do sistema de análise

Outro trabalho para a discriminação de sons de fala sonoros/não sonoros/silêncio foi desenvolvido por Qi e Hunt utilizando uma abordagem de rede neuronal. Neste trabalho [24], os investigadores descrevem uma abordagem de rede neuronal para decidir se um determinado segmento de um sinal de fala deve ser classificado como fala sonora, fala surda ou silêncio, com base em medições efectuadas no sinal.

A ideia básica dos investigadores, na deteção de vozes proposta, consiste em desenvolver um procedimento para efetuar a classificação de vozes/não vozes/silêncio utilizando uma rede de alimentação em várias camadas (MFN). O vetor de características utilizado para a classificação é uma combinação de coeficientes cepstrais e características da forma de onda.

Um diagrama de blocos do processo de treino e classificação da rede é apresentado na Figura 2.4. Como se pode ver na figura, os sinais de fala foram filtrados a 4,5 kHz, amostrados a 10 kHz e quantizados com uma precisão de 16 bits. Os sinais digitalizados foram ainda filtrados a 300 Hz por um filtro digital Butterworth de quarta ordem para eliminar o zumbido ou ruído de baixa frequência. Foi obtido um vetor de características para cada segmento de 20 ms de discurso. O vetor de características era uma combinação de 13 coeficientes cepstrais e dois parâmetros da forma de onda, a taxa de cruzamento zero e uma função não linear da energia da raiz quadrada média (RMS). Os coeficientes cepstrais foram derivados de 12 coeficientes LP e da energia do erro de previsão. O método de autocorrelação, a janela de Hamming e a pré-ênfase (0,98) foram utilizados no cálculo dos coeficientes LP. Foi aplicada uma função de raiz quadrada inversa à energia RMS para limitar o seu intervalo numérico.

A classificação de voz/não voz/silêncio foi efectuada para cada vetor de características de entrada após a conclusão do treino. A saída da classificação foi descodificada e passada por um filtro mediano de três pontos para eliminar o ruído de "impulso" isolado. A rede foi treinada usando a regra delta generalizada para a retropropagação do erro com uma taxa de aprendizado de $\alpha = 0,9$. O desempenho da rede em função do tamanho do conjunto de treino e do rácio sinal/ruído foi também avaliado e comparado com um classificador Bayesiano de máxima verosimilhança (ML).

O desempenho da rede é avaliado utilizando amostras de fala fornecidas por seis oradores (3 homens e 3 mulheres). Os investigadores [24] afirmaram que a decisão de voz, ausência de voz e silêncio pode ser realizada de forma eficaz utilizando uma rede multicamada feed-forward. Eles afirmaram isso da seguinte forma:

Os resultados do estudo demonstram que a classificação de voz, ausência de voz e silêncio pode ser eficazmente realizada utilizando uma rede multicamada feed-forward e características híbridas.

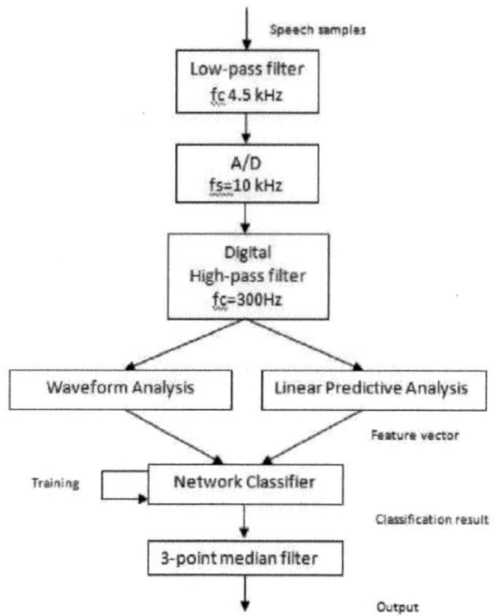

Figura 2.4: Fluxograma dos processos de formação e classificação da rede

Um outro trabalho [3], que utilizou a taxa de passagem por zero e as medições de energia efectuadas no sinal utilizando uma abordagem baseada em regras, foi realizado para tomar decisões sobre a existência de sinais de voz e de ausência de voz. Neste caso, os investigadores avaliaram os resultados dividindo a amostra de fala em alguns segmentos e utilizaram a taxa de passagem por zero e os cálculos de energia para separar as partes sonoras e não sonoras da fala.

O processo global de classificação de voz e ausência de voz está representado na Figura 2.5. Na primeira fase, o sinal de fala é dividido em intervalos, quadro a quadro, sem sobreposição. Na fase de processamento quadro a quadro, o sinal de fala é segmentado num quadro de amostras sem sobreposição. Este é processado quadro a quadro até que todo o sinal de voz seja coberto. De seguida, a energia de curto prazo (E) e a taxa média de passagem por zero (ZCR) de curto prazo são calculadas para cada fotograma e é determinado um limiar de fala para classificar um fotograma como sonoro ou não sonoro. No início, o tamanho do quadro é definido como 400 amostras (50 ms) para uma taxa de amostragem de 8000 Hz. No final do algoritmo, se a ZCR for pequena e a E for elevada, a fala é classificada como sonora, caso contrário é considerada não sonora, mas se a decisão não for clara (Não tenho a certeza), a energia e a taxa de passagem por zero são recalculadas dividindo o tamanho do fotograma em dois fotogramas.

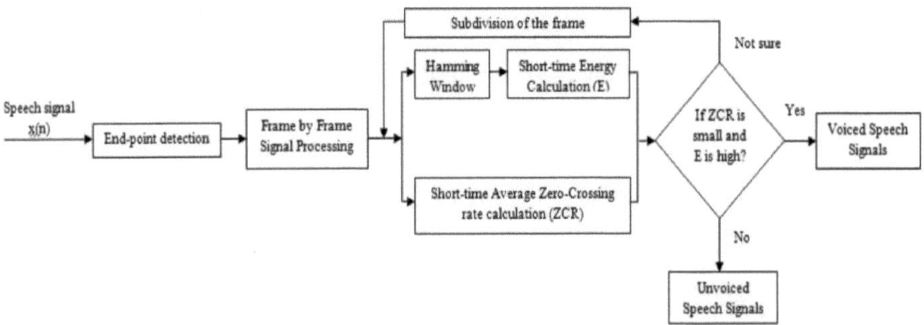

Figura 2.5: Diagrama de blocos da classificação vocal/não vocal

Neste trabalho, a deteção do ponto final é aplicada ao algoritmo de voz/sem voz no início do algoritmo para separar o silêncio do sinal de fala. Uma pequena amostra do ruído de fundo é recolhida durante o intervalo de silêncio imediatamente antes do início do sinal de fala. A função de energia de curto prazo de todo o enunciado é então calculada. É determinado um limiar de fala que tem em conta a energia do silêncio e a energia do pico. Inicialmente, assume-se que os pontos finais ocorrem quando a energia do sinal ultrapassa este limiar. As correcções a estas estimativas iniciais são feitas calculando a taxa de passagem por zero na vizinhança dos pontos finais e comparando-a com a do silêncio. Se ocorrerem mudanças detectáveis na taxa de passagem por zero fora dos limiares iniciais, os pontos finais são redesenhados para os pontos em que as mudanças ocorrem.

Neste modelo, é utilizada a janela de Hamming, uma vez que proporciona uma atenuação muito maior fora da banda passante do que a janela retangular comparável. O MATLAB 7.0 é utilizado para a implementação.

Universidade de Adis Abeba-FCMS

2.4 Resumo

As abordagens no domínio do tempo e no domínio da frequência medem uma ou mais características acústicas que reflectem as características de produção dos sons vocálicos, como a energia, a periodicidade e a correlação a curto prazo. Alguns parâmetros utilizados são a taxa de cruzamento zero, o coeficiente de autocorrelação, o erro LP normalizado, a energia de baixa frequência normalizada, a força do pico cepstral, a medida harmónica do espetro de amplitude de frequência instantânea. Na abordagem baseada em regras, as decisões de voz, ausência de voz e silêncio são tomadas através da definição de limiares em valores de parâmetros individuais (escolhidos empiricamente). O principal problema destes métodos reside na definição de limiares, que são críticos para determinar o desempenho da deteção de sons sonoros/não sonoros. Além disso, a maior parte destas medidas de voz são susceptíveis ao ruído e o desempenho deteriora-se com a diminuição da relação sinal-ruído (SNR).

Outros modelos, como os modelos de redes neuronais, os modelos de mistura gaussiana (GMM) ou os modelos de Markov ocultos (HMM), são também utilizados para combinar dados provenientes de múltiplas características. Estes métodos não dependem criticamente da definição de limiares, mas requerem dados de treino para diferentes tipos de ruídos de fundo. Assumem diferentes modelos de processos aleatórios para o discurso e o ruído de fundo e estimam os parâmetros das distribuições subjacentes. O desempenho destas abordagens depende da escolha das distribuições de probabilidade e da capacidade de estimar os parâmetros da distribuição do ruído. Em geral, estes métodos não utilizam de forma significativa o conhecimento do mecanismo de produção da fala. Além disso, a maioria destes métodos não avalia separadamente o desempenho da deteção de regiões sonoras e não sonoras da fala.

CAPÍTULO TRÊS

EXTRACÇÃO DE CARACTERÍSTICAS E JANELAMENTO

3.1 Janelamento

Para efetuar a análise acústica do sinal de voz, o sinal de voz pode ser suficientemente longo para tornar o processo impossível. Além disso, as propriedades da fala variam no tempo e não podemos analisar todo o sinal para extrair as suas características. Para resolver estes problemas, devemos dividir o sinal em pequenos quadros e prepará-los para uma análise a curto prazo.

Quando preparamos sinais de fala digitais para análise acústica, temos de começar por selecionar um certo número de amostras de fala sobre as quais vamos efetuar a análise. Como a análise acústica tenta extrair as ondas sinusoidais que se somam para produzir uma forma de onda complexa, é necessário analisar mais do que uma amostra. Uma amostra não se altera e, portanto, não há nada para analisar. Para selecionar uma série de amostras de fala para análise espetral, é necessário "janelar" a forma de onda original. Assim, o sinal de fala deve ser multiplicado por uma função de janela apropriada.

Quando um sinal é multiplicado por uma função de janela, o produto tem valor zero fora do intervalo (uma definição mais geral das funções de janela não exige que sejam identicamente zero fora de um intervalo): tudo o que resta é a parte em que se sobrepõem; a "vista através da janela". A função de janela, w(n), serve não só para selecionar o segmento de fala correto para processamento, mas também para ponderar as amostras de fala de s(n). O segmento de fala selecionado é referido como o *quadro de fala*. A forma da janela afecta a representação em frequência, S(k), através da resposta em frequência da própria janela. A multiplicação de uma sequência de discurso no domínio do tempo s(n) com uma janela no domínio do tempo w(n) é o mesmo que a convolução de S(k) e W(k) no domínio da frequência. Assim, o impacto da forma de uma janela pode ser analisado examinando a sua transformada discreta de Fourier (DFT).

Segue-se uma análise detalhada dos tipos de janelas mais comuns e mais utilizados na análise acústica do sinal de voz.

3.1.1 A janela retangular

A janela retangular é por vezes conhecida como janela Dirichlet. É a janela mais simples, tomando um pedaço do sinal sem qualquer outra modificação, o que leva a descontinuidades nos pontos finais (a menos que o sinal seja um ajuste exato para o comprimento da janela).

❖ Uma janela retangular passa simplesmente todos os valores entre os tempos t_1 e t_2 sem modificação (multiplicando efetivamente cada amostra por 1), tal como ilustrado na Figura 3.1 e

3.2.

❖ Uma janela retangular não é normalmente utilizada, uma vez que tem um espetro complexo próprio que contamina (distorce) o espetro da fala.

❖ Uma janela retangular é dada por:

w(n) =   1 para $(m-1)N \leq n \leq mN$

        0 caso contrário

Em que N é o comprimento (largura) da janela, em amostras, e n é um número inteiro, com valores $0 \leq n \leq N-1$.

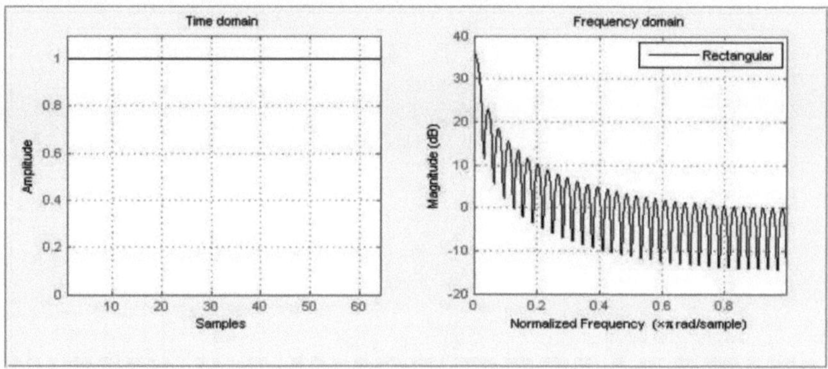

Figura 3.1: Formas de janela de uma janela retangular no domínio do tempo e no domínio da frequência

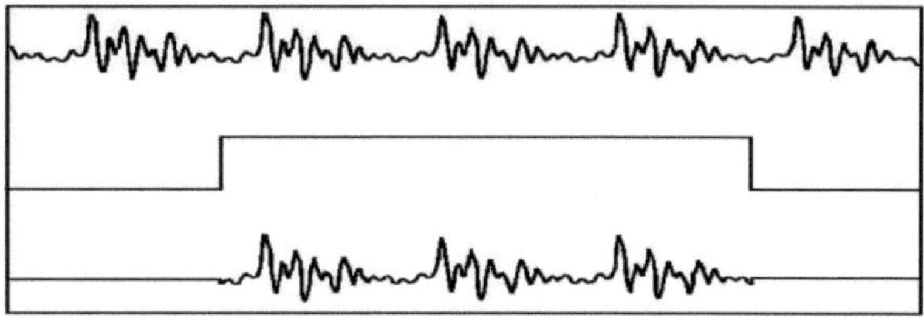

Figura 3.2: Uma janela retangular multiplica o sinal por "1" entre dois pontos e por "0" fora desses pontos.

3.1.2 Janela de Hamming, Hanning e Gaussiana

As janelas de Hamming, Hanning e Gaussiana são funções de cosseno elevado com características de frequência semelhantes, exceto que a janela de Hamming é elevada nas extremidades, conforme ilustrado nas figuras 3.3, 3.4, 3.5 e 3.6. As janelas de Hamming, Hanning e Gaussiana são membros de uma família de janelas conhecidas como *janelas de cosseno elevado*.

❖ Um único ciclo de um cosseno é invertido e deslocado de modo a que os seus valores variem entre 0 e 1.

❖ Esta classe de janelas não tem um efeito significativo na forma do espetro da fala janelada e, por isso, estas janelas são frequentemente utilizadas durante a análise de frequência dos sons da fala.

A janela de Hamming é dada por:

$$w(n) = 0{,}54 - 0{,}46\cos\frac{2\pi n}{N}, \qquad \text{para } 0 \leq n \leq N\text{-}1$$

E o Hanning por:

$$w(n) = 0{,}5 - 0{,}5\cos\frac{2\pi n}{N}, \qquad \text{para } 0 \leq n \leq N\text{-}1$$

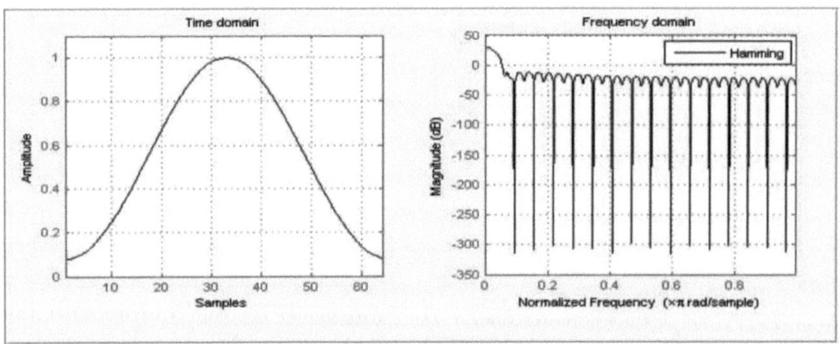

Figura 3.3: Formas de janela de uma janela de Hamming no domínio do tempo e no domínio da frequência

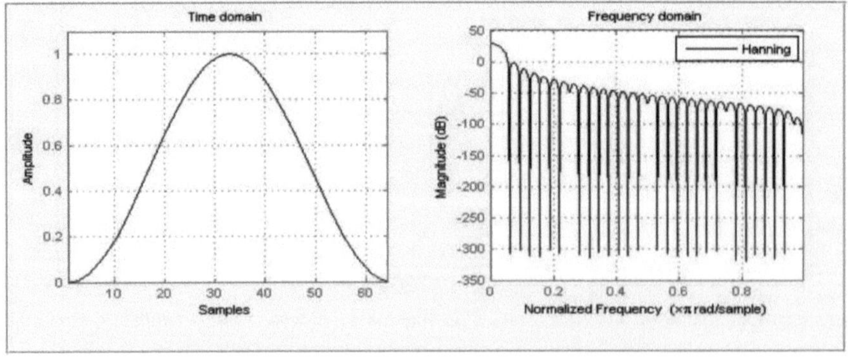

Figura 3.4: Formas de janela de uma janela de Hanning no domínio do tempo e no domínio da frequência

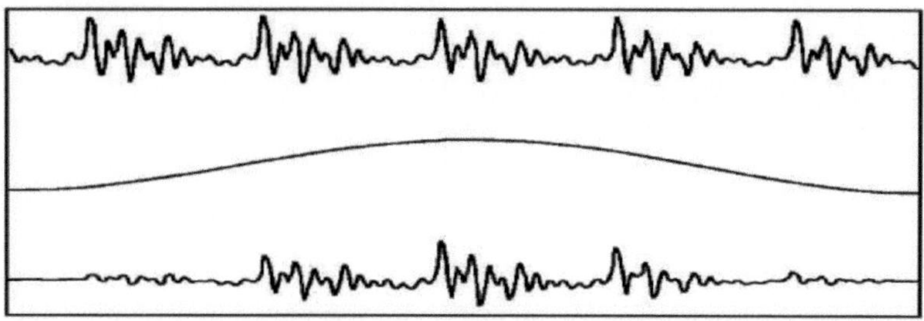

Figura 3.5: Uma janela de Hanning multiplica o som por valores que mudam continuamente (com base num cosseno) e por "0" fora desta janela

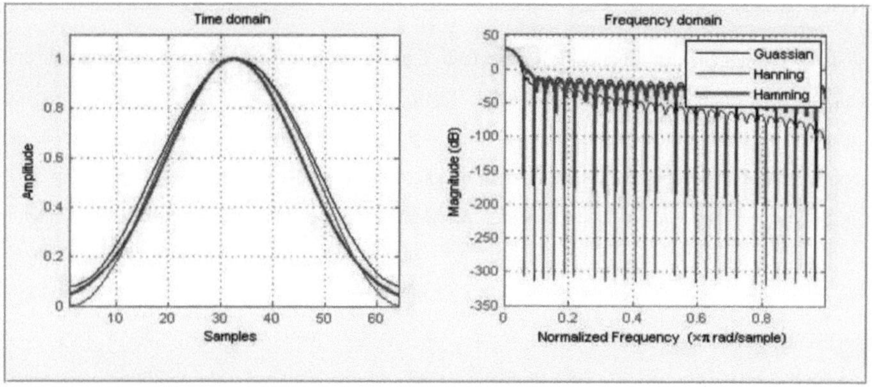

Figura 3.6: Comparação entre as janelas Hanning, Hamming e Gaussiana

A análise espetral envolve um compromisso entre a resolução de sinais de força comparável com frequências semelhantes e a resolução de sinais de força díspares com frequências diferentes. Esse compromisso ocorre quando a função de janela é escolhida. Uma métrica utilizada para comparar as janelas é a perda máxima de deslocamento da janela. A janela retangular é visivelmente pior do que as outras em termos desta métrica. Outras métricas que podem ser observadas são a largura do lóbulo principal e o nível de pico dos lóbulos laterais, que determinam, respetivamente, a capacidade de resolver sinais de intensidade comparável e sinais de intensidade díspar. A janela retangular (por exemplo) é a melhor escolha para o primeiro caso e a pior escolha para o segundo.

Existem outras funções de janela que podem ser utilizadas para diferentes aplicações com diferentes características. A Tabela 3.1 resume as janelas mais comuns e as suas características. Esta tabela pode ser utilizada para escolher a melhor função de janelamento para cada aplicação.

Tabela 3.1: Tabela de tipos de janelas

Janela	Ideal para estes tipos de sinais	Resolução de frequência	Fuga espetral	Precisão da amplitude
Barlett	Aleatório	Bom	Justo	Justo
Homem negro	Aleatório ou Misto	Pobres	Melhor	Bom
Topo plano	Sinusóides	Pobres	Bom	Melhor
Panejamento	Aleatório	Bom	Bom	Justo
Hamming	Aleatório	Bom	Justo	Justo
Kaiser-Bessel	Aleatório	Justo	Bom	Bom
Nenhum (vagão)	Amostragem transiente e síncrona	Melhor	Pobres	Pobres
Tukey	Aleatório	Bom	Pobres	Pobres
Welch	Aleatório	Bom	Bom	Justo

3.1.3 Processamento de sobreposições

Uma das desvantagens das funções de janelamento é que o início e o fim do sinal são atenuados no cálculo do espetro. Isto significa que é necessário efetuar mais médias para obter uma boa representação estatística do espetro, aumentando o tempo necessário para concluir a medição. O processamento de sobreposição é uma funcionalidade disponível na maioria dos analisadores de sinais que pode recuperar os dados perdidos e reduzir o tempo de medição. Este processamento reduz o tempo total de medição, recuperando uma parte de cada fotograma anterior que, de outra forma, se perderia devido ao efeito da função de janelamento. O processamento de sobreposição é particularmente eficaz na redução do tempo de medição para ensaios de baixa frequência (geralmente abaixo de 50 Hz), para os quais os tempos de aquisição de fotogramas são muito longos.

3.2 Extração de características

Quando os dados de entrada de um algoritmo são demasiado grandes para serem processados e se suspeita que sejam notoriamente redundantes (muitos dados, mas pouca informação), os dados de entrada são transformados num conjunto de *características* de representação reduzida (também designado *vetor de características*). Característica é sinónimo de *variável* de entrada ou *atributo*. A transformação dos dados de entrada num conjunto de características é designada por *extração de características*. Se as características extraídas forem cuidadosamente escolhidas, espera-se que o conjunto de características extraia as informações relevantes dos dados de entrada para realizar a tarefa desejada utilizando esta representação reduzida em vez da entrada em tamanho real.

Encontrar uma boa representação dos dados é muito específico do domínio e está relacionado com as medições disponíveis. Por exemplo, no diagnóstico médico, as características podem ser sintomas, ou seja, um conjunto de variáveis que categorizam o estado de saúde de um doente (por exemplo, febre, nível de glucose, etc.). Na deteção de vozes, as informações específicas (características) utilizadas no vetor de características podem ser obtidas através de dois métodos básicos que extraem informações úteis da análise das variações nas sequências dos segmentos de fala utilizados: *métodos no domínio do tempo* e *métodos no domínio da frequência*. Estes dois métodos de extração de características na deteção do vozeamento são descritos em pormenor nas secções 3.2.1 e 3.2.2, respetivamente.

3.2.1 Métodos no domínio do tempo

Os métodos no domínio do tempo utilizam a abordagem mais básica para o problema da deteção da voz, que consiste em observar a forma de onda que representa a alteração da pressão atmosférica ao longo do tempo e tentar detetar a voz sonora/não sonora/silêncio a partir dessa forma de onda.

Existem características importantes, como a energia de curto prazo, a magnitude média, a taxa média de passagem por zero (ZCR) de curto prazo e a função de auto-correlação, que podem ser extraídas de um sinal no domínio do tempo. Os métodos de processamento no domínio do tempo envolvem a forma de onda do sinal de voz. Uma forma de onda é a representação de um sinal de fala em função do tempo. Todas as propriedades são obtidas com uma abordagem de curto prazo e fornecem uma representação aproximada mas significativa dos sinais de fala. A análise de curto prazo é uma abordagem que tem em conta segmentos suficientemente curtos (por exemplo, 20-35 ms) para serem considerados como sons sustentados com propriedades estáveis. Como indicado no trabalho de [6], a razão por trás da utilização da abordagem de curto prazo é detetar mudanças rápidas no sinal de fala, e isto é baseado em medições fisiológicas feitas usando raios-X num trato vocal humano. As medições mostraram que, durante esse tempo, os seres humanos não podem alterar significativamente a forma do trato vocal.

As duas primeiras propriedades são a **energia de curto prazo** e a **magnitude média**. Elas contêm o mesmo tipo de informação, mas a segunda é menos sensível às flutuações locais. São especialmente importantes para detetar silêncios ou para distinguir entre segmentos sonoros e não sonoros em dados falados, mas também podem ser utilizadas para detetar a transição de um discurso não sonoro para um discurso sonoro e vice-versa.

A energia de curto prazo E_n de um sinal $x(n)$ com tamanho de janela n pode ser extraída através das seguintes equações [27]:

$$E_n = \sum_{m=-\infty}^{\infty} [x(m)w(n)]^2 \qquad (1)$$

Onde:- *w(n)* é uma função de janelamento.

En é a energia de curto prazo do quadro n [th]

Um problema com a função de energia de curto prazo é o facto de ser muito sensível a grandes níveis de sinal, uma vez que os valores da amostra são elevados ao quadrado. Além disso, as partes de menor energia do sinal tendem a ser suprimidas. Por exemplo, a energia dos fonemas não vocálicos no final da palavra "seis" é muito mais baixa do que as outras partes da palavra, o que torna difícil distingui-las em relação ao silêncio. Por esta razão, *En* é frequentemente substituído pela magnitude média de curto prazo *Mn*:

$$M_n = \sum_{m=-\infty}^{\infty} |x(m)w(n)| \tag{2}$$

A energia do discurso sonoro é muito maior do que a energia do discurso não sonoro. Os valores de E[n] para o segmento de fala sem voz são significativamente mais baixos do que os segmentos com voz. Daqui se pode deduzir que, se a energia calculada do sinal de voz que está a ser examinado for superior a um determinado valor-limite, pode dizer-se que se trata de um discurso sonoro, caso contrário é um discurso surdo. Além disso, a função de energia também pode ser utilizada para localizar aproximadamente o momento em que o discurso sonoro se torna não sonoro e vice-versa e, para um discurso de alta qualidade, a energia também pode ser utilizada para distinguir o discurso do silêncio.

Um outro aspeto importante de um sinal pode ser obtido através de uma medida simples no domínio do tempo, designada por ***taxa média de passagem por zero*** (ZCR), que nos permite obter uma ideia aproximada das frequências representadas nos dados. No contexto de sinais em tempo discreto, diz-se que ocorre um cruzamento de zero se amostras sucessivas tiverem sinais algébricos diferentes. A taxa de ocorrência de cruzamentos de zero é uma medida simples do conteúdo de frequência de um sinal. A taxa de passagem por zero é uma medida do número de vezes num determinado intervalo de tempo/quadro em que a amplitude do sinal de fala muda de sinal (passa por um valor de zero), como se mostra na Figura 3.7 [3].

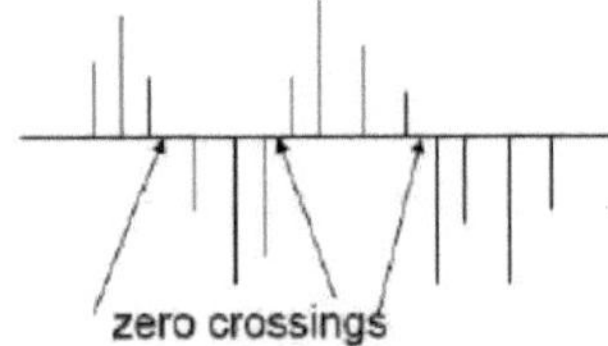

Figura 3.7: Exemplo de taxa de cruzamento do zero

Uma definição adequada é [27]:

$$Z_n = \sum_{m=-\infty}^{\infty} |sgn[x(m)] - sgn[x(m-1)]| w(n-m) \qquad (3)$$

Onde:

$$sgn[x(n)] = \begin{cases} 1 \text{ if } x(n) \geq 0 \\ -1 \text{ if } x(n) < 0 \end{cases}$$

A contagem do cruzamento zero é um indicador da frequência em que a energia está concentrada no espetro do sinal. O modelo para a produção da fala sugere que a energia da fala vocalizada está concentrada abaixo de cerca de 3 KHz devido à queda do espetro introduzida pela onda glótica, enquanto que para a fala não vocalizada, a maior parte da energia é encontrada em frequências mais altas. Uma vez que as altas frequências implicam altas taxas de cruzamento zero e as baixas frequências implicam baixas taxas de cruzamento zero, existe uma forte correlação entre a taxa de cruzamento zero e a distribuição de energia com a frequência.

A fala vocal é produzida devido à excitação do trato vocal pelo fluxo periódico de ar na glote e, normalmente, apresenta uma contagem baixa de cruzamentos zero, enquanto a fala não vocal é produzida pela constrição do trato vocal suficientemente estreito para causar um fluxo de ar turbulento que resulta em ruído e apresenta uma contagem alta de cruzamentos zero. Uma generalização razoável deste facto é que, se a taxa de cruzamento zero for elevada, o sinal de fala é surdo, enquanto que se a taxa de cruzamento zero for baixa, o sinal de fala é sonoro.

A ideia era que o ZCR deveria estar diretamente relacionado com o número de vezes que a forma de onda se repetia por unidade de tempo. Rapidamente se tornou claro que existem problemas com esta medida. Se a potência espetral da forma de onda for rica em espectros harmónicos, então cruzará a linha zero duas vezes por ciclo.

Mesmo que esta medição tenha limitações óbvias, fornece informações úteis que podem ser utilizadas em conjunto com outras medições.

Outra medida útil de curto prazo no domínio do tempo é a *função de autocorrelação (ACF)*: A correlação entre duas formas de onda é uma medida da sua semelhança. As formas de onda são comparadas em diferentes intervalos de tempo, e a sua "semelhança" é calculada em cada intervalo. O resultado de uma correlação é uma medida de semelhança em função do desfasamento de tempo entre os inícios das duas formas de onda. A função de autocorrelação é a correlação de uma forma de onda consigo mesma.

A auto-correlação de um sinal de curto prazo x(n) é definida como:

$$\varphi_n(k) = \sum_{m=-\infty}^{\infty} x(m)x(m+k)\,w(n-m) \qquad 0 \le k < T \qquad (4)$$

Onde T é o número de pontos de autocorrelação a serem calculados. A variável k é designada por desfasamento ou atraso.

As formas de onda periódicas exibem uma caraterística interessante de autocorrelação: a própria função de autocorrelação é periódica. À medida que o tempo de atraso aumenta para metade do período da forma de onda, a correlação diminui para um mínimo. Isto deve-se ao facto de a forma de onda estar fora de fase com a sua cópia atrasada no tempo. À medida que o desfasamento aumenta novamente para o comprimento de um período, a autocorrelação aumenta novamente para um máximo, porque a forma de onda e a sua cópia atrasada no tempo estão em fase. O primeiro pico na autocorrelação indica o período da forma de onda.

As propriedades de curto prazo consideradas até agora (energia, magnitude média e ZCR) fornecem um único valor para cada quadro de análise identificado por uma posição específica da janela. Este não é o caso da função de autocorrelação de curto prazo que fornece, para cada quadro de análise, uma função do desfasamento. Normalmente, é adotado um limiar constante com o qual o valor de pico da correlação é comparado para a decisão de voz, ausência de voz ou silêncio. Surgem problemas com este método quando se toma a autocorrelação de uma forma de onda pseudo-periódica, harmonicamente complexa.

Em geral, os métodos de representação no domínio do tempo são atractivos porque o processamento digital necessário é muito simples de implementar e, apesar desta simplicidade, a representação resultante fornece uma base útil para estimar características importantes do sinal de fala. Os métodos no domínio do tempo são intrinsecamente bastante fracos no caso de sinais inarmónicos ou de sinais com a maior parte da potência em altas frequências. Além disso, este método só pode alcançar uma precisão limitada, porque o valor de qualquer parâmetro único se sobrepõe geralmente entre categorias, particularmente quando a fala não é gravada num ambiente de alta fidelidade.

3.2.2 Métodos no domínio da frequência

Existe muita informação no domínio da frequência que pode ser relacionada com o segmento de voz/sem voz/silêncio de um sinal de fala. Esta classe de métodos envolve (explícita ou implicitamente) alguma forma de representação do espetro. Os métodos mais conhecidos no domínio da frequência para a deteção de segmentos de voz sonora/não sonora/silêncio incluem a análise cepstrum e os métodos de codificação preditiva linear.

A análise cepstrum é uma forma de análise espetral em que a saída é o logaritmo da transformada de Fourier do espetro de magnitude da forma de onda de entrada [8]. Neste caso, escolhemos o primeiro pico do sinal sintetizado a partir do logaritmo da transformada de Fourier. Este algoritmo tende a ter um bom desempenho em condições de ruído. No entanto, lida mal com sons inarmónicos, uma vez que se baseia no pressuposto de parciais uniformemente espaçados.

O nome cepstrum vem da inversão das quatro primeiras letras da palavra "espetro", indicando um espetro modificado. A variável independente relacionada com a transformada cepstrum foi designada por "quefrência" e, uma vez que esta variável está intimamente relacionada com o tempo, é aceitável referir-se a esta variável como tempo.

O cepstrum de tempo curto pode ser aplicado para detetar a periodicidade local (discurso vocal) ou a falta dela (discurso não vocal). A presença de um pico forte implica um discurso sonoro, e a localização da frequência do pico fornece a estimativa do período de pitch.

O outro método do domínio da frequência para a deteção de segmentos de fala sonoros/silenciosos é a análise da *codificação preditiva linear (LPC)*. É uma técnica predominante para estimar os parâmetros básicos da fala, por exemplo, pitch, formantes, espectros, função de área do trato vocal, e para representar a fala para transmissão ou armazenamento de baixa taxa de bits. A importância deste método reside na sua capacidade de fornecer estimativas extremamente exactas dos parâmetros da fala e na sua relativa rapidez de cálculo [27].

A ideia básica subjacente à análise preditiva linear é que uma amostra de discurso pode ser aproximada como uma combinação linear de amostras de discurso passadas. Ao minimizar a soma das diferenças quadráticas (ao longo de um intervalo finito) entre as amostras de fala reais e as previstas linearmente, pode ser determinado um conjunto único de coeficientes de previsão. (Os coeficientes de previsão são os coeficientes de ponderação utilizados na combinação linear).

Para a classificação de voz/não voz/silêncio, é obtida uma caraterização espetral de cada uma das três classes de sinal durante uma sessão de treino e pode ser calculada uma medida de distância do coeficiente LP para fazer a discriminação final como voz/não voz/silêncio com base num valor de limiar e em algumas regras definidas.

O problema básico da análise preditiva linear consiste em determinar um conjunto de coeficientes de previsão diretamente a partir do sinal de voz, de modo a obter uma boa estimativa das propriedades espectrais do sinal de voz.

As abordagens no domínio da frequência têm algumas desvantagens, incluindo a necessidade de melhorar a resolução com zero padding. A precisão do algoritmo depende também da harmonicidade do espetro do sinal.

CAPÍTULO QUATRO

CONCEPÇÃO E IMPLEMENTAÇÃO DE UM SISTEMA DE DETECÇÃO DE VOZES

4.1 Conceção da deteção de vozes

A deteção de segmentos de fala sonoros/não sonoros/silêncio é um método de atribuição e rotulagem de uma categoria de fala específica (sonoro/não sonoro/silêncio) a um segmento de fala para discriminar um som de fala de um ruído de fundo com base nas características acústicas do segmento de fala.

Neste capítulo, é feita uma descrição pormenorizada das questões de conceção e das técnicas de deteção de vozes.

4.1.1 Abordagens e técnicas

Até à data, foram efectuados muitos estudos sobre a deteção de vozes e foram utilizadas diferentes abordagens para a classificação de vozes/não vozes/silêncio, sendo as mais conhecidas as abordagens baseadas em regras, as abordagens estatísticas e a abordagem por redes neuronais. Todos os métodos propostos têm os seus méritos e a preferência por uns em detrimento de outros.

Neste trabalho de tese, foram examinados três modelos diferentes, nomeadamente o baseado em regras, o estatístico e o de rede neural. A abordagem baseada em regras, tal como o seu nome indica, baseia-se em regras que podem ser criadas à mão ou aprendidas por máquinas. As regras são os elementos importantes para anotar os segmentos de fala na abordagem baseada em regras. O detetor baseado em estatísticas baseia-se na propriedade estatística dos sinais de fala. Essa propriedade estatística pode ser a probabilidade de distribuição dos sinais de fala com etiquetas, que pode ser obtida durante a fase de treino do sistema. Finalmente, os detectores de redes neuronais (NN) utilizam características acústicas dos sinais de fala que podem ser extraídas da forma de onda da fala ou do espetrograma para classificar as categorias de fala.

4.1.2 Objectivos de conceção

O objetivo geral deste trabalho de investigação é explorar a possibilidade de extração sistemática de padrões e de deteção da região sonora/não sonora/silêncio do sinal de fala, obtendo assim uma melhor precisão através da utilização de uma abordagem de rede neural.

4.1.3 Arquitetura do modelo de classificador de voz/não voz/silêncio

A arquitetura geral do processo de deteção de vozes para este trabalho de investigação é descrita nas figuras 4.1 e 4.2.

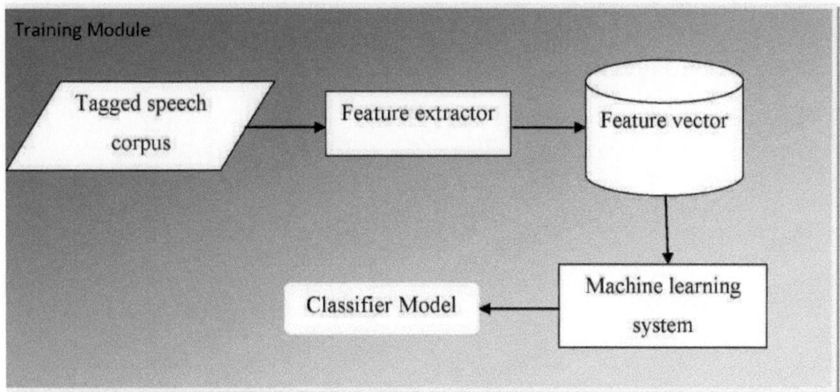

Figura 4.1: O processo geral de formação da arquitetura

A Figura 4.1 mostra o processo de treino do classificador de deteção de vozes. É utilizado um método de aprendizagem supervisionada para treinar o modelo do classificador, ou seja, o corpus de fala de treino contém frases de fala amárica marcadas (etiquetadas) recolhidas de diferentes fontes. O corpus de discurso etiquetado é fornecido ao módulo de extração de características. O resultado do processo de extração de características é a produção de um vetor de características, que é utilizado como entrada para o sistema de aprendizagem automática. O vetor de características é dado ao sistema de aprendizagem automática, para aprender um padrão e encontrar uma solução óptima para cada categoria de fala (sonora, não sonora e silêncio). Depois de o sistema de aprendizagem automática ser treinado com o conjunto de treino, é criado um modelo de classificação. O resultado do processo de formação é a produção de um modelo de classificador que é utilizado para anotar frases de discurso não etiquetadas que, por sua vez, são avaliadas em relação aos dados etiquetados manualmente (classe verdadeira) das frases de discurso de entrada. O processo de teste e avaliação é apresentado na Figura 4.2. Os pormenores da implementação do corpus de fala, do extrator de características e do sistema de aprendizagem automática são descritos nas secções 4.2.1, 4.2.2 e 4.2.3, respetivamente.

Como se mostra na Figura 4.2, o corpus de fala não etiquetado é dado ao extrator de características de modo a preparar um vetor de características e a preparar a classificação pelo modelo classificador desenvolvido durante o processo de treino. Em seguida, o modelo do classificador selecciona uma categoria de discurso óptima para um dado segmento de discurso e dá como saída a categoria de discurso classificada juntamente com o vetor de características correspondente. A saída do classificador (discurso classificado) é comparada com um corpus de discurso marcado manualmente (a chamada classe verdadeira) e a precisão do classificador é calculada contando o número de segmentos de discurso corretamente classificados.

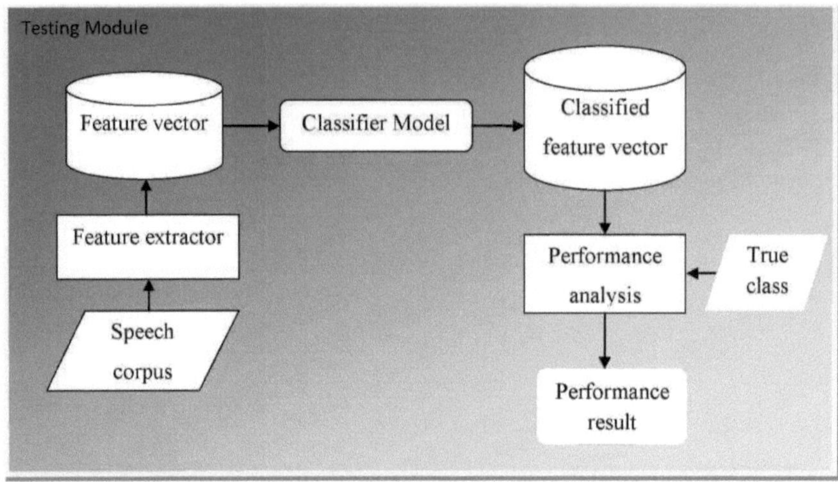

Figura 4.2: Processo de teste e avaliação do classificador

O fluxograma geral dos processos de formação e classificação é apresentado na Figura 4.3 e descrito de seguida.

Como mostra a Figura 4.3, na primeira fase, o sinal de fala é segmentado em intervalos, quadro a quadro, sem sobreposição. Na fase de processamento quadro a quadro, o sinal de voz é segmentado num quadro de amostras sem sobreposição. É processado quadro a quadro até que todo o sinal de voz seja coberto. Em seguida, foi obtido um vetor de características para cada segmento de 20, 25, 30 e 35 ms do discurso. O vetor de características é uma combinação de 13 MFCC, 13 LPC e dois parâmetros da forma de onda: a taxa de cruzamento zero e a energia da fala.

As LPC foram derivadas da análise preditiva linear de 12 pólos do sinal de fala. Os métodos de autocorrelação da modelação autoregressiva (AR) foram utilizados no cálculo dos coeficientes LP.

Os 13 coeficientes cepstrais de frequência de Mel (MFCC) são calculados tomando o valor absoluto da transformada de Fourier de tempo curto (STFT), passando para uma escala de frequência de Mel, tomando a transformada discreta do cosseno (DCT) do espetro log-Mel e devolvendo os primeiros n componentes cepstrais (n=13 neste caso).

A janela retangular é utilizada para calcular a energia (En), a taxa de cruzamento zero (ZCR), 13 LPC e 13 MFCC.

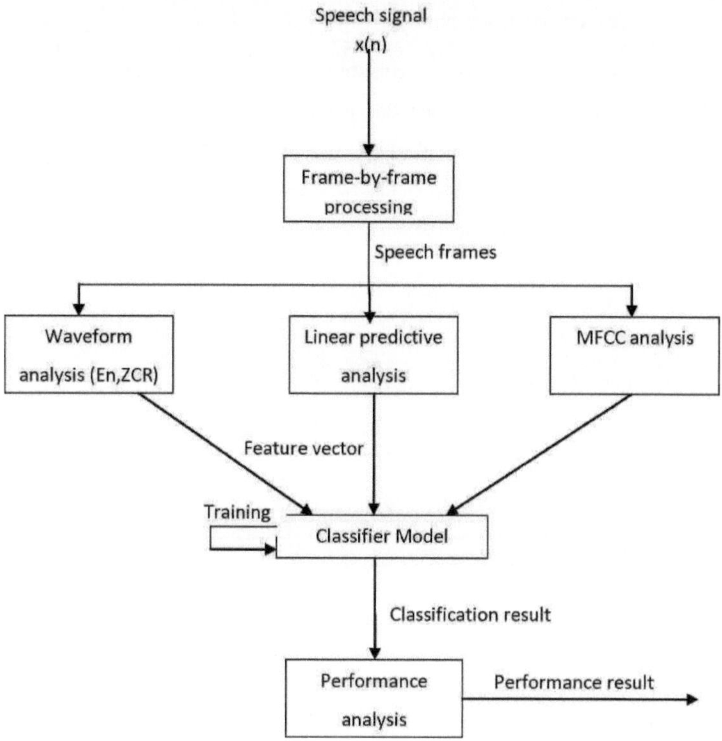

Figura 4.3: Fluxograma dos processos de treino e classificação do classificador

Os vectores de características de treino e de teste são introduzidos no modelo do classificador para treinar e testar (avaliar) o desempenho do modelo, respetivamente. A classificação de voz/não voz/silêncio foi efectuada para cada vetor de características de entrada após a conclusão do treino utilizando o conjunto de teste. O resultado da classificação é comparado com os mesmos dados do conjunto de teste que é classificado manualmente durante a análise do desempenho. Cinco tipos diferentes de classificadores e seis combinações de características são testados neste processo para 20, 25, 30 e 35 milissegundos de segmento de fala. O desempenho de classificação de cada classificador em função do comprimento do quadro e do conteúdo do vetor de características também foi avaliado e comparado entre si. Com base no resultado da comparação de cada classificador, chega-se a uma conclusão sobre o classificador e a caraterística com melhor desempenho.

O objetivo aqui é selecionar empiricamente um classificador que tenha uma arquitetura simples e um desempenho de classificação razoavelmente elevado e uma caraterística que melhor represente cada categoria de discurso. Para este trabalho, é efectuada uma pesquisa exaustiva de um classificador e de uma seleção de características óptimos.

Para testar e analisar os classificadores e as características, é utilizado o weka 3.6.0. Os classificadores utilizados neste trabalho de tese incluem dois baseados em regras (tabelas de decisão e JRip), duas árvores de decisão (J48 e CART simples) e uma rede neural (com camadas ocultas simples e duplas, com diferentes números de neurónios nas camadas ocultas). As seis combinações de características utilizadas neste processo são ilustradas na Tabela 4.1.

Tabela 4.1: Combinações de características

SNo	*Código*	*Características utilizadas*	*Colunas*	*Observação*
1	Vetor de características 1	Energia, Taxa de passagem por zero	2	
2	Vetor de características 2	LPC	13	
3	Vetor de características 3	Energia, Taxa de passagem por zero, LPC	15	
4	Vetor de características 4	CCMF	13	
5	Vetor de características 5	Energia, Taxa de cruzamento zero, MFCC	15	
6	Vetor de características 6	Energia, Taxa de cruzamento zero, MFCC	15	A análise de componentes principais (PCA) é aplicada[5]

As taxas de classificação em função do tipo de classificador, da combinação de características e do tamanho do quadro utilizado foram obtidas para todos os classificadores. Cada classificador é treinado com um conjunto de 600 (de 900) frases de treino seleccionadas aleatoriamente e testado com 300 (de 900) frases de teste seleccionadas aleatoriamente. O desempenho de cada classificador é descrito no Capítulo 5 deste trabalho.

4.1.4 Resumo

A deteção e discriminação de voz, ausência de voz e silêncio é o processo de atribuição de categorias de discurso a uma sequência de segmentos de discurso numa frase. Este problema pode ser resolvido através de diferentes abordagens. Essas abordagens são baseadas em regras, estatísticas e redes neuronais, que têm as suas próprias vantagens e desvantagens. Na medida em

---

5 PCA - é um procedimento matemático que transforma um número de variáveis (possivelmente) correlacionadas num número (mais pequeno) de variáveis não correlacionadas designadas por *componentes principais*.

que se pretende uma deteção de vozes com um desempenho de classificação possivelmente mais elevado, é necessário fazer uma seleção empírica de uma ou mais abordagens e tirar partido de uma abordagem, colmatando assim as suas deficiências.

4.2 Implementação da deteção de vozes

Aqui são explicados os pormenores relativos à implementação da arquitetura do classificador e à preparação do corpus.

Para começar, o MATLAB 7.9, o Audicity 1.3.13, o wavesurfer 1.8.5 e a ferramenta de aprendizagem automática weka 3.6 são utilizados em toda a implementação do detetor de vozes. A razão subjacente à escolha destas ferramentas é o facto de serem adequadas a diferentes tarefas de processamento da fala e ao processo de aprendizagem automática. O MATLAB é uma linguagem de computação técnica de alto nível e um ambiente interativo para o desenvolvimento de algoritmos, a visualização de dados, a análise de dados e a computação numérica. Pode ser utilizado numa vasta gama de aplicações, incluindo processamento de sinais e imagens, comunicações, conceção de controlo, teste e medição, modelação e análise financeira e biologia computacional. Além disso, contém diferentes caixas de ferramentas adicionais (colecções de funções MATLAB para fins especiais) que alargam o ambiente MATLAB para resolver classes específicas de problemas nestas áreas de aplicação. A segunda ferramenta utilizada é o Audicity, um software gratuito e de código aberto para gravação e edição de sons. Está disponível para Mac OS X, Microsoft Windows, GNU/Linux e outros sistemas operativos [32]. A outra ferramenta que usámos é o WaveSurfer, que é também uma ferramenta de código aberto para visualização e manipulação de som. As aplicações típicas do wavesurfer incluem análise de fala/som e anotação/transcrição de som [30]. Além disso, o wavesurfer pode ser alargado através de plug-ins, bem como integrado noutras aplicações. Por último, utilizámos o Weka, que é uma coleção de algoritmos de aprendizagem automática de última geração e de ferramentas de pré-processamento de dados [33]. Os algoritmos podem ser aplicados diretamente a um conjunto de dados ou chamados a partir de um código Java. O Weka contém ferramentas para pré-processamento de dados, classificação, regressão, agrupamento, regras de associação e visualização. Também é adequado para o desenvolvimento de novos esquemas de aprendizagem automática.

Nas secções seguintes, são discutidos os pormenores que vão desde a preparação do corpus até à implementação dos classificadores.

4.2.1 Preparação do corpus

Corpus, plural corpora, é uma grande coleção de dados linguísticos, quer se trate de textos escritos ou de transcrições de discursos gravados, que podem ser utilizados como ponto de partida para a descrição linguística ou como meio de verificar hipóteses sobre uma língua (linguística de corpus) [7]. Um corpus pode ser um texto plano, ou seja, um texto sem informação linguística adicional, ou um texto em que cada palavra do texto é acompanhada de informação linguística [12]. O corpus com informação linguística adicional pode ser designado por *corpus anotado/com etiquetas*. Essa informação linguística no corpus anotado pode ser parte da informação sobre o discurso, a categoria do som, a informação sobre o sentimento que especifica a categoria da classe da palavra e a categoria do sentimento, respetivamente. O corpus anotado pode ser utilizado em muitas aplicações de PLN, como o treino e o teste de etiquetadores de parte do discurso, a análise de parsing, a análise de sentimentos, etc. Neste trabalho de tese, considera-se que o corpus anotado utilizado é um discurso etiquetado com a categoria de som do discurso correspondente.

De facto, pensa-se que o discurso etiquetado, ou seja, o corpus anotado, representa todos os domínios da língua. Os domínios podem ser textos da categoria das notícias, da categoria da ficção, da categoria editorial, da categoria científica, etc. Um corpus com todas as categorias possíveis é designado por *corpus equilibrado* [12]. Embora seja difícil preparar um corpus equilibrado, este é um elemento importante na maioria das aplicações de processamento da linguagem natural em geral e na deteção de vozes em particular.

O desenvolvimento de um corpus equilibrado requer tempo, esforço/competências de peritos linguísticos e dinheiro, uma vez que é necessário recolher dados de diferentes domínios. A essência do desenvolvimento de um corpus equilibrado é, de facto, aumentar o desempenho do classificador quando este classifica qualquer segmento de discurso retirado de qualquer categoria, o que implica diretamente que o corpus equilibrado contenha o maior número possível de categorias de discurso de diferentes categorias. No entanto, um corpus específico de uma categoria contém palavras que são maioritariamente utilizadas nessa categoria e, se um texto de outra categoria a classificar for dado ao classificador treinado neste corpus, o desempenho do classificador pode ser degradado. No entanto, se o texto obtido for dessa categoria, presume-se que o desempenho será o esperado.

O processo geral de preparação do corpus para a deteção do vozeamento é apresentado na Figura 4.4.

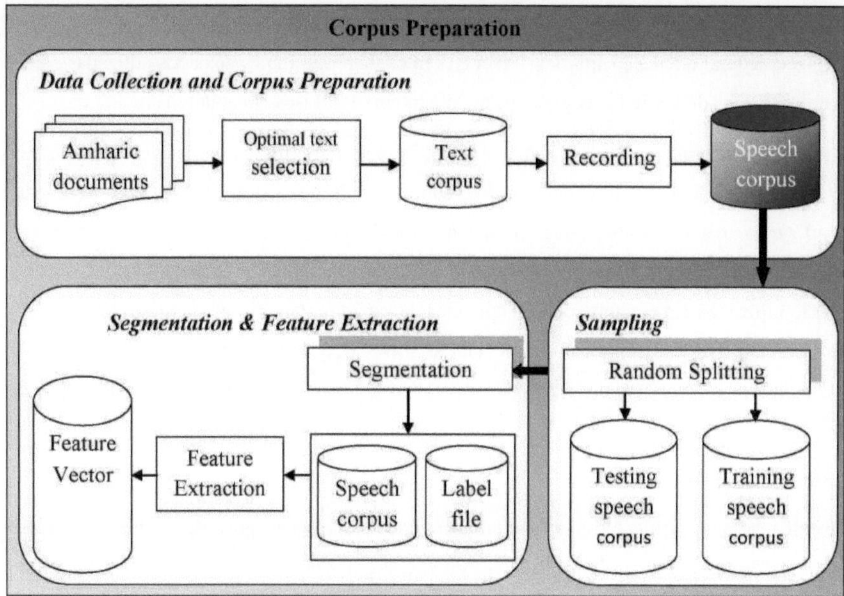

Figura 4.4: Processo de preparação de dados do sistema de deteção de vozes

O corpus de fala preparado para treino e teste contém um total de 900 frases. Para construir um corpus de fala foneticamente equilibrado, foram recolhidos dados de texto de várias fontes de documentos amáricos, como indicado na secção 4.2.1.1. No Apêndice A, encontra-se um exemplo de frase de texto recolhida para este trabalho de investigação. Uma vez recolhidos os textos, estes são automaticamente transcritos para a sua representação latina correspondente, de acordo com a tabela de transliteração ASCII apresentada no Apêndice D.

O texto transcrito é dividido aleatoriamente em dois. Trata-se de conjuntos de treino e de teste com 600 frases e 300 frases, respetivamente. Estes dois conjuntos de textos são conhecidos como ficheiros prompt e são considerados como corpus de texto que precisam de ser gravados. As outras partes principais da preparação e descrição do corpus, nomeadamente a gravação de dados, a criação de ficheiros de etiquetas e a codificação dos dados acústicos, são discutidas em pormenor nas subsecções seguintes.

4.2.1.1 Recolha de dados

A primeira fase da investigação sobre a deteção de segmentos de fala sonoros, surdos e silenciosos é a preparação dos dados (corpus de fala). Os dados de fala são necessários tanto para o treino como para o teste. Nesta investigação, é utilizada uma técnica de seleção de texto óptima para preparar um corpus de texto a partir de várias fontes. Estes documentos são utilizados como fontes de dados para obter colecções de frases foneticamente ricas e equilibradas. As Bíblias amáricas, as notícias sobre saúde, as notícias políticas, as notícias desportivas, as notícias económicas, o código penal, a Negarit Gazeta federal e a ficção amárica "Fiker Eskemekaber" são fontes de dados utilizadas para a preparação do corpus de texto. Este corpus de texto contém 900 frases em amárico.

Depois, todas as frases são gravadas por uma pessoa (do sexo masculino) com 29 anos de idade. Em seguida, os dados de fala são divididos em dois conjuntos: de treino (600 frases) e de teste (300 frases), utilizando uma amostragem aleatória sistemática. Os dados de teste fornecem os vectores de características em relação aos quais o desempenho dos classificadores pode ser medido. Os dados de treino são utilizados em conjunto com as etiquetas de classe (categoria) necessárias para iniciar o processo de treino. Neste caso, por conveniência, as frases necessárias para o treino e o teste são retiradas de oito fontes amáricas diferentes. No Apêndice A é apresentado um exemplo de corpus de texto.

4.2.1.2 Registar os dados

Antes de começarmos, certificámo-nos de que o local onde estávamos a gravar era o mais silencioso possível. Além disso, desligámos os altifalantes durante a gravação para evitar o feedback acústico nos ficheiros de áudio. Tanto os dados de treino como os de teste foram gravados com um orador do sexo masculino, com 29 anos de idade. O perfil do orador é indicado na Tabela 4.2. É importante notar que não é feita qualquer análise para determinar a faixa etária. Apenas foi considerada a disponibilidade do orador. As frases de treino e de teste são gravadas por um locutor cuja primeira língua é o amárico. Os dados são gravados utilizando o Audacity, um software gratuito e de código aberto para gravação e edição de sons, com uma taxa de amostragem de 48 KHz, com 16 bits/amostra e canal mono. O microfone utilizado foi um auscultador com características de microfonia, cancelamento de ruído e monofone.

Novecentas frases listadas no ficheiro de sugestões (corpus de texto transcrito) são gravadas pelo mesmo locutor para os dados de treino e de teste.

Tabela 4.2: Perfil do orador para gravação de voz

Código do altifalante	Sexo	Idade	Número de frases registadas para formação	Número de frases registadas para teste
Orador 1	M	29	600	300

Depois de selecionar o altifalante acima e o ambiente para a gravação, são também definidas as seguintes preferências do audacity:

❖ Definir o volume do microfone para 1,0.

❖ Defina a taxa de amostragem predefinida para 48 KHz.

❖   Defina o formato de amostragem predefinido para 16 bits.

❖   Defina os canais para 1 (Mono).

❖   Defina o formato de exportação sem compressão para WAV (Microsoft 16 bit PCM) ou exporte o áudio utilizando o formato FLAC.

Depois de obter a configuração adequada do audacity, os textos são gravados pelo orador num ambiente tranquilo. Os ficheiros wave de 600 frases são utilizados para treinar e os restantes ficheiros wave de 300 frases são utilizados para testar.

4.2.1.3 Amostragem

A investigação utilizou um total de 900 frases, das quais 600 são escolhidas para treino e 300 frases são escolhidas como frases de teste de avaliação. A técnica de amostragem aleatória sistemática é utilizada para dividir o corpus de discurso em conjuntos de treino e de teste. O conjunto de treino é constituído por 600 frases do corpus de discurso total com os ficheiros de etiquetas correspondentes. As restantes 300 frases de discurso, com os respectivos ficheiros de etiquetas, constituem o conjunto de dados de teste do classificador. Os resultados finais da técnica de amostragem aleatória sistemática são dois corpus de discurso: o conjunto de treino e o conjunto de teste. O conjunto de dados de treino é utilizado para construir um modelo de classificador, enquanto o conjunto de dados de teste é utilizado para avaliar o desempenho e a precisão do classificador treinado utilizando o conjunto de treino.

4.2.1.4 Segmentação e criação de ficheiros de etiquetas

Para criar um vetor de características e atribuir uma classe de fala apropriada (sonora, não sonora ou silêncio) a cada quadro de fala no sinal de fala, cada frase de fala deve ter uma transcrição ao nível do telefone associada (ficheiro de etiquetas). Para facilitar esta tarefa, é necessário criar uma transcrição ao nível da palavra antes de criar a transcrição ao nível do telefone. Utilizando a transcrição a nível de palavras como base, o ficheiro de transcrição a nível telefónico é criado utilizando a etiquetagem manual. O resultado final deste processo é a criação de um ficheiro de etiquetas para cada frase do discurso. O formato de um ficheiro de etiquetas, juntamente com um exemplo de dados, é ilustrado na Tabela 4.3.

A segmentação da fala é o processo de identificação dos limites entre palavras, sílabas ou fonemas em línguas naturais faladas. O nível mais baixo da segmentação da fala é a separação e classificação do sinal sonoro numa cadeia de fones. A dificuldade deste problema é agravada pelo fenómeno da co-articulação dos sons da fala, em que um som pode ser modificado de várias formas pelos sons adjacentes: pode misturar-se suavemente com eles, fundir-se com eles, separar-se ou mesmo desaparecer. Este facto torna a segmentação da fala, em particular a segmentação ao nível dos fonemas, uma tarefa muito difícil. A segmentação da fala pode ser efectuada através de dois métodos: manual ou automático. A segmentação manual refere-se ao processo pelo qual um transcritor experiente segmenta e rotula um ficheiro de fala à mão, referindo-se apenas ao espetrograma e/ou à forma de onda. Considera-se que o método manual é mais exato do que a segmentação automática. A segmentação automática refere-se à tarefa de detetar os limites entre palavras, sílabas ou fonemas num sinal de fala, utilizando procedimentos cuidadosamente escolhidos. O processo pode utilizar a informação do sinal de voz extraída de diferentes propriedades do sinal de voz, como as tendências dos formantes, o tom, a tensão, a duração das vogais, a densidade espetral de potência, a taxa de passagem por zero e os padrões de ritmo ou entoação.

Neste trabalho de investigação, a segmentação manual do discurso é utilizada para segmentar e rotular o ficheiro de discurso. Para esta operação, utiliza-se o wavesurfer 1.8.5 como ferramenta principal. O processo de segmentação é efectuado para todas as 900 frases. Cada frase do discurso é cuidadosamente examinada e etiquetada manualmente utilizando a ferramenta selecionada. Depois de concluída a etiquetagem, é criado um ficheiro de etiquetas para cada frase separadamente, que, por sua vez, é utilizado para a extração de características. A Figura 4.5 mostra a forma de onda de uma amostra de uma frase de fala amárica ("-flfrï ïï iı ''' 9^{ni} ı £ '''M--ï'--/' ∧ A¹ .'∧ ^m∩>∧^'') juntamente com as etiquetas de segmento geradas usando o wavesurfer. Além disso, o ficheiro de etiquetas correspondente gerado para a frase acima é ilustrado na Tabela 4.3. O ficheiro de etiquetas tem três colunas que representam a hora inicial e final de um segmento e a etiqueta do segmento (etiqueta do fonema).

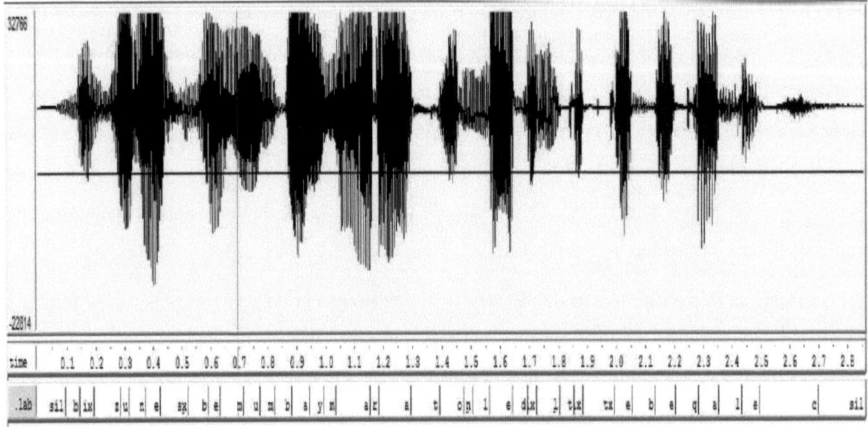

Figura 4.5: Forma de onda de um exemplo de frase em amárico

Tabela 4.3: Exemplo de ficheiro de etiquetas ("ብዙነሽ በሙምባይ ማራቶን ለድል ትጠበቃለች")

Hora de início	Hora de fim	Etiqueta (fonema)
0	0.0925	sil
0.0925	0.1425	b
0.1425	0.1925	ix
0.1925	0.2825	z
0.2825	0.3125	u
0.3125	0.3725	n
0.3725	0.4225	e
0.4225	0.5225	sx
0.5225	0.5925	b
0.5925	0.6325	e
0.6325	0.7125	m
0.7125	0.7725	u
0.7725	0.8225	m
0.8225	0.8825	b
0.8825	0.9425	a
0.9425	0.9925	y
0.9925	1.0325	m
1.0325	1.1525	a
1.1525	1.1825	r
1.1825	1.2925	a
1.2925	1.3925	t
1.3925	1.4725	o
1.4725	1.5025	n
1.5025	1.5625	l
1.5625	1.6425	e
1.6425	1.6925	d
1.6925	1.7225	ix
1.7225	1.8025	l
1.8025	1.8525	t
1.8525	1.8825	ix
1.8825	1.9925	tx
1.9925	2.0525	e
2.0525	2.1325	b
2.1325	2.2025	e
2.2025	2.2825	q
2.2825	2.3525	a
2.3525	2.4325	l
2.4325	2.4925	e
2.4925	2.6975	c
2.6975	2.86	sil

4.2.1.5 Processamento quadro a quadro

Na fase de processamento quadro a quadro, o sinal de voz é segmentado num quadro de amostras sem sobreposição. É processado quadro a quadro até que todo o sinal de fala seja coberto. No início, definimos o tamanho do quadro como 960 amostras (20 ms) com uma taxa de amostragem de 48 KHz. Após a conclusão do processamento quadro a quadro, é efectuado um processo de extração de características em cada quadro. O resultado da extração de características é a produção de um vetor de características contendo 13 MFCC, 13 coeficientes LPC, energia de curto prazo e taxa de passagem por zero de curto prazo para cada fotograma do sinal de fala. Posteriormente, o mesmo processo é repetido com o tamanho de quadro de 1200 amostras (25 ms), 1440 amostras (30 ms) e 1680 amostras (35 ms) com uma taxa de amostragem de 48 KHz. A Tabela 4.4 mostra o conteúdo dos conjuntos de dados para os tamanhos de fotogramas de 20, 25, 30 e 35 milissegundos. Indica o número total de fotogramas, fotogramas com voz, fotogramas sem voz e fotogramas de silêncio, tanto para o conjunto de treino como para o conjunto de teste.

Tabela 4.4: Conteúdo do conjunto de dados

Tamanho do quadro	Conteúdo	Conjunto de treino	Conjunto de teste	Total
	N.º de sentenças	600	300	900
	N.º de quadros	143,884	71,986	215,870
20 milissegundos	Quadros sonoros	106,336	53,457	159,793
	Quadros sem voz	28,107	13,889	41,996
	Moldura do silêncio	9,341	4,640	13,981
	N.º de sentenças	600	300	900
	N.º de quadros	115,049	57,566	172,615
25 milissegundos	Quadros sonoros	84,924	42,764	127,688
	Quadros sem voz	22,700	11,110	33,810
	Moldura do silêncio	7,425	3,692	11,117
	N.º de sentenças	600	300	900
	N.º de quadros	95,875	47,965	143,840
30 milissegundos	Quadros sonoros	70,776	35,634	106,410
	Quadros sem voz	18,917	9,262	28,179
	Moldura do silêncio	6,182	3,069	9,251
	N.º de sentenças	600	300	900
	N.º de quadros	82,173	41,118	123,291
35 milissegundos	Quadros sonoros	60,658	30,509	91,167
	Quadros sem voz	16,206	7,969	24,175
	Moldura do silêncio	5,309	2,640	7,949

4.2.1.6 Codificação dos dados acústicos e extração de características

As técnicas de processamento digital de sinais são aplicadas para converter sinais analógicos nas suas representações digitais. Uma vez que os discursos que gravámos são contínuos ou analógicos, têm de ser convertidos em representação discreta ou digital através de amostragem e quantização. Para converter o sinal de discurso analógico na sua representação digital correspondente e extrair características, utilizámos o matlab 7.9. Depois de o sinal analógico ser digitalizado, a extração de características é realizada utilizando o corpus de fala digitalizado e o ficheiro de etiquetas correspondente criado durante a segmentação, utilizando o módulo de extração de características.

Os sinais de fala gravados são parametrizados em sequências de vectores de características e utilizados no processo de classificação de voz/não voz/silêncio. O processo de extração de características é o processo de extração de parâmetros espectrais (parametrização) que envolve a conversão de amostras de fala em vectores de características para fornecer padrões espectrais da fala. A extração de características é realizada utilizando funções de processamento de sinais do Matlab e funções definidas pelo utilizador escritas em Matlab, tomando o ficheiro de etiquetas e o discurso (ficheiro de ondas) como entrada para o processo. Durante o processo de extração de características, assumimos normalmente que as características do sinal de voz são estacionárias durante um curto período de tempo, normalmente da ordem dos 20-35 milissegundos. O resultado do processo de extração de características é a produção de um vetor de características que será utilizado como entrada principal para o classificador.

Para este trabalho de investigação, são extraídas quatro características principais do sinal de fala durante o processo de extração de características, nomeadamente, a energia de curto prazo, a taxa de cruzamento zero de curto prazo, 13 coeficientes MFCC e um coeficiente LPC de 12 pólos para cada 20, 25, 30 e 35 ms do segmento de fala. O vetor de características utilizado foi concebido para ter um comprimento diferente em função do tipo e da combinação de características utilizadas, como indicado no quadro 4.1. A estrutura do vetor de características, juntamente com um exemplo de dados, é apresentada no Apêndice B.

4.2.2 Implementação do Extrator de Características

O componente de extração de características de um sistema de classificação de segmentos de fala sonoros/sem voz/silêncio mapeia a forma de onda da fala numa sequência de vectores de características. Esta sequência de vectores de características é subsequentemente utilizada para treinar o modelo acústico e descodificar a forma de onda da fala de entrada.

Para aplicar técnicas de processamento de sinais digitais à forma de onda da fala, o sinal analógico é primeiro convertido num sinal digital. Isto é feito através da amostragem e da quantização da forma de onda. Uma vez obtido o sinal digital, são utilizadas várias técnicas para extrair características que são úteis para a tarefa de classificação do segmento de fala. Estas técnicas de análise do discurso assumem normalmente que as características do sinal de discurso são estacionárias durante um curto período de tempo, tipicamente da ordem dos 20-35 milissegundos. As características resultantes são uma representação do sinal de fala durante este curto período de tempo. A parametrização é efectuada não só para reduzir o tamanho dos dados originais do sinal de voz, mas também para o pré-processamento do sinal que se enquadra na fase de classificação. Uma propriedade importante da extração de características é a supressão da informação que é irrelevante para uma classificação correcta. As características mais populares que são utilizadas para a classificação de segmentos de fala sonoros/não sonoros/silenciosos incluem os coeficientes cepstrais de frequência mel (MFCC), os coeficientes preditivos lineares (LP), a energia de curto prazo, a taxa de cruzamento zero de curto prazo, a magnitude média e a função de auto-correlação.

Utilizámos uma combinação de quatro características para a nossa experiência no desenvolvimento da nossa investigação: energia de curto prazo, taxa de cruzamento zero de curto prazo, 13 MFCC e um LPC de 12 pólos. O módulo de extração de características é implementado em Matlab. O processo geral de extração de características e de preparação do vetor de características está representado na Figura 4.6.

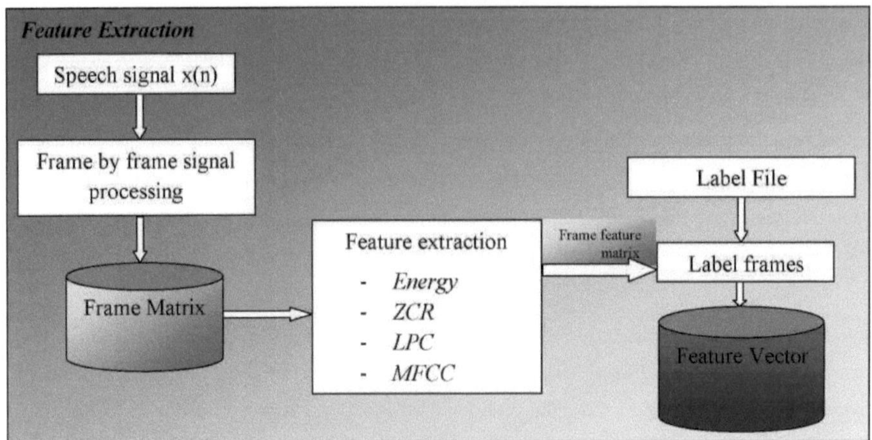

Figura 4.6: Processo de extração de características

A entrada para o módulo de extração de características é o sinal de fala preparado durante o processo de preparação dos dados. O sinal de fala é processado quadro a quadro (dividindo o sinal em quadros de 20, 25, 30 e 35 ms de segmento), resultando numa matriz de quadros que contém a representação quadro a quadro do sinal de fala. A matriz de fotogramas, por sua vez, é utilizada como entrada juntamente com o ficheiro de etiquetas correspondente para a extração de características do sinal de fala. Nesta fase, é extraído um vetor de características (energia, ZCR, MFCC e coeficiente LPC) para cada 20, 25, 30 e 35 ms do segmento de fala. Finalmente, a saída da extração de características (matriz de características do quadro) é rotulada com uma etiqueta de classe apropriada (Voiced, Unvoiced ou Silence) para produzir a saída final: o vetor de características. O resultado final deste processo é o vetor de características que contém 12 LPC, um ganho LPC, 13 MFCC, uma energia de curto prazo e uma taxa de passagem por zero de curto prazo, que é utilizado como entrada para o classificador. Os exemplos de códigos matlab utilizados para o processamento fotograma a fotograma, o cálculo da energia, o cálculo da ZCR, o cálculo do MFCC e o cálculo do LPC estão incluídos no Apêndice C.

4.2.3 Implementação do detetor de voz/não voz/silêncio

É efectuada uma pesquisa exaustiva de um classificador ótimo para selecionar empiricamente um classificador que tenha uma arquitetura simples e um desempenho de classificação razoavelmente elevado. Neste trabalho de investigação, são testados cinco tipos diferentes de classificadores, nomeadamente: dois baseados em regras (tabelas de decisão e JRip), duas árvores de decisão (J48 e CART simples) e uma rede neural (camada oculta simples e dupla com diferentes números de neurónios na camada oculta). O desempenho de classificação de cada um destes modelos é descrito no capítulo 5 deste trabalho de investigação. De todos os modelos testados, o modelo de rede neural apresenta um bom desempenho de classificação em diferentes conjuntos de combinações de características utilizadas.

Para este trabalho de investigação, é selecionado e discutido um modelo de rede neural com uma única camada oculta, com 25 neurónios na camada oculta, uma vez que apresenta um bom desempenho de classificação no segmento de discurso de 35 ms. De todas as combinações de vectores de características testadas, a combinação com energia, taxa de cruzamento zero e 13 coeficientes MFCC tem um bom desempenho na arquitetura selecionada. O processo de seleção da arquitetura da rede é descrito sucintamente a seguir.

O número inicial de nós da camada oculta foi fixado em 8 e foi aumentado de 8 para 30 para uma rede de camada oculta única. Foram obtidas taxas de classificação para estas redes de camada oculta simples, bem como para as redes de camada oculta dupla. Cada rede é treinada com um conjunto de 600 (de um total de 900) frases de treino seleccionadas aleatoriamente e testada com 300 (de um total de 900) frases de treino seleccionadas aleatoriamente. Como descrito acima, a rede com a arquitetura 15-25-3 (15 neurónios na camada de entrada, uma camada oculta com 25 neurónios na camada oculta e 3 neurónios na camada de saída) foi uma escolha preferível em termos da simplicidade da rede e da taxa de classificação. O classificador de rede neste trabalho de tese é implementado utilizando a ferramenta de aprendizagem automática weka.

A rede foi treinada utilizando a regra delta generalizada para a retropropagação do erro com uma taxa de aprendizagem de $\alpha = 0{,}3$. Foi adicionado um termo de momento na atualização dos pesos ($\beta = 0{,}2$). O ciclo de formação só terminaria quando o número total de épocas de formação fosse 500. As camadas de entrada e de saída da rede tinham um número fixo de neurónios. Havia 15 neurónios na camada de entrada que correspondiam à dimensão do vetor de características (13 coeficientes MFCC, energia e taxa de cruzamento zero). Havia 3 neurónios na camada de saída que correspondiam à dimensão das classes (sonora, não sonora e silêncio). A arquitetura geral da rede, ou seja, o número de camadas ocultas e o número de neurónios por camada oculta, foi um parâmetro determinado na avaliação experimental da rede. O desempenho da rede em função do tamanho do quadro do conjunto de treino também foi avaliado e comparado com outros classificadores.

A rede com a arquitetura 15-25-3 foi uma escolha preferível em termos de simplicidade da rede e de taxa de classificação. De facto, a taxa de classificação não sofreu alterações significativas quando se aumentou o número de neurónios ou o número de camadas ocultas. Esta rede 15-25-3 foi utilizada para comparar o desempenho do classificador da rede com outros classificadores.

4.3 Questões de conceção do modelo do classificador

4.3.1 Designing Multilayer Perceptron Voiced/Unvoiced/Silence Detection Model

Um perceptron multicamadas (MLP) é um modelo de rede neural artificial de alimentação que mapeia conjuntos de dados de entrada num conjunto de dados de saída apropriados [23]. Um MLP consiste em várias camadas de nós num gráfico dirigido, com cada camada totalmente ligada à seguinte. Com exceção dos nós de entrada, cada nó é um neurónio (ou elemento de processamento) com uma função de ativação não linear. O MLP utiliza uma técnica de aprendizagem supervisionada chamada *retropropagação* para treinar a rede.

A retropropagação é um método de aprendizagem supervisionado e é uma generalização da regra delta [29]. Requer um supervisor que conheça, ou possa calcular, a saída desejada para qualquer entrada no conjunto de treinamento. É mais útil para redes feed-forward (redes que não têm feedback, ou simplesmente, que não têm conexões que fazem um loop). O termo é uma abreviação de "propagação regressiva de erros". A retropropagação exige que a função de ativação utilizada pelos neurónios artificiais (ou "nós") seja diferenciável.

Nas redes computacionais, a função de ativação de um nó define a saída desse nó dada uma entrada ou um conjunto de entradas [1]. Um circuito padrão de um chip de computador pode ser visto como uma rede digital de funções de ativação que podem ser "ON" (1) ou "OFF" (0), dependendo da entrada. A arquitetura geral de um perceptron multicamadas é apresentada na Figura 4.7.

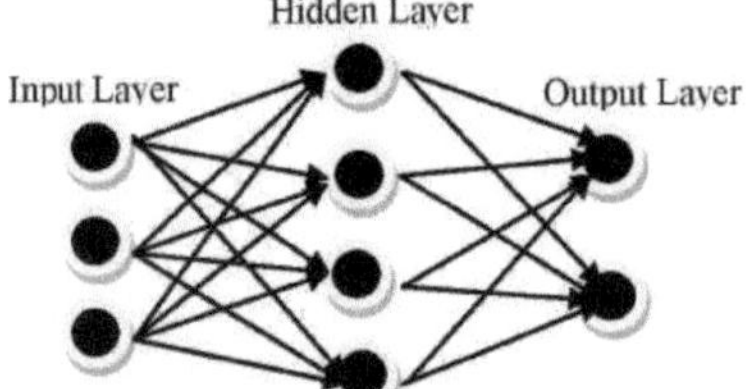

Figura 4.7: Arquitetura geral de um perceptrão multicamadas

Treinar redes Perceptron multicamadas

O objetivo do processo de formação é encontrar o conjunto de valores de peso que fará com que a saída da rede neuronal corresponda o mais possível aos valores-alvo reais [22]. Há várias questões envolvidas na conceção e no treino de uma rede perceptron multicamada:

❖ *Seleção do número de camadas ocultas a utilizar na rede*

Para a maioria dos problemas, uma camada oculta é suficiente. São necessárias duas camadas ocultas para modelizar dados com descontinuidades, como um padrão de onda em dente de serra. A utilização de duas camadas ocultas raramente melhora o modelo e pode introduzir um maior risco de convergência para mínimos locais [17].

❖ *Decidir o número de neurónios a utilizar em cada camada oculta*

Uma das características mais importantes de uma rede perceptron é o número de neurónios na(s) camada(s) oculta(s). Se for utilizado um número inadequado de neurónios, a rede não será capaz de modelar dados complexos e o ajuste resultante será fraco. Se forem utilizados demasiados neurónios, o tempo de treino pode tornar-se excessivamente longo e, pior ainda, a rede pode ajustar-se demasiado aos dados. Quando ocorre um ajuste excessivo, a rede começa a modelar o ruído aleatório nos dados. O resultado é que o modelo se ajusta extremamente bem aos dados de treinamento, mas generaliza mal para dados novos e não vistos. A validação deve ser usada para testar isso.

❖ *Decidir o número de neurónios a utilizar nas camadas de entrada e de saída*

Por outro lado, o número de neurónios nas camadas de entrada e de saída depende do número de atributos utilizados no vetor de características e do número de classes a classificar, respetivamente. O número de atributos no vetor de características não tem de ser notoriamente redundante (muitos dados, mas pouca informação), uma vez que afecta o tempo necessário para concluir o processo de classificação. O número de classes utilizadas depende do domínio do problema e, por sua vez, determina o número de neurónios na camada de saída. Por conseguinte, tanto o número de componentes de entrada (características) como o número de neurónios de saída são, em geral, determinados pela natureza do problema [17].

❖ *Encontrar o peso ideal*

Uma rede neural típica pode ter algumas centenas de pesos cujos valores devem ser encontrados para produzir uma solução óptima. Se as redes neurais fossem modelos lineares, como a regressão linear, seria muito fácil encontrar o conjunto ideal de pesos. Mas a saída de uma rede neural em função das entradas é muitas vezes altamente não linear, o que torna o processo de otimização complexo.

Os perceptrões multicamadas utilizam um algoritmo de descida de gradiente, denominado algoritmo de retropropagação do erro (EBP), para aprender e encontrar uma solução óptima (peso). O EBP é um método para calcular a primeira derivada da função de erro em relação a cada peso da rede.

4.3.2 Conceção de um modelo de deteção de vozes/não vozes/silêncio com árvore de decisão

Na extração de dados, uma árvore de decisão é um modelo de previsão que pode ser utilizado para representar classificadores e modelos de regressão. Por outro lado, na investigação operacional, as árvores de decisão referem-se a um modelo hierárquico de decisões e suas consequências. Quando uma árvore de decisão é utilizada para tarefas de classificação, é mais corretamente designada por árvore de classificação. Quando é utilizada para tarefas de regressão, é designada por árvore de regressão [28].

Uma árvore de decisão é um modelo preditivo de aprendizagem automática que decide o valor alvo (variável dependente) de uma nova amostra com base em vários valores de atributos dos dados disponíveis.

O atributo a prever é designado por variável dependente, uma vez que o seu valor depende, ou é decidido, pelos valores de todos os outros atributos. Os outros atributos, que ajudam a prever o valor da variável dependente, são conhecidos como as variáveis independentes no conjunto de dados.

4.3.2.1 *CARTÃO simples*

CART é a sigla de Classification and Regression Trees (árvores de classificação e regressão). Caracteriza-se pelo facto de construir árvores binárias, ou seja, cada nó interno tem exatamente duas arestas de saída. Uma caraterística importante do CART é a sua capacidade de gerar árvores de regressão [28]. O *CART,* um método de particionamento recursivo, constrói árvores de classificação e regressão para prever variáveis dependentes contínuas (regressão) e variáveis preditoras categóricas (classificação) [10].

O processo de cálculo de árvores de classificação e regressão pode ser caracterizado como envolvendo quatro passos básicos [10]:

❖ *Especificação dos critérios de exatidão da previsão*

Os algoritmos das árvores de classificação e regressão têm geralmente por objetivo obter a melhor precisão de previsão possível. Operacionalmente, a previsão mais exacta é definida como a previsão com os custos mínimos. A noção de custos foi desenvolvida como forma de generalizar, para uma gama mais alargada de situações de previsão, a ideia de que a melhor previsão tem a menor taxa de erros de classificação.

❖ *Seleção de partições*

O segundo passo básico nas árvores de classificação e regressão é selecionar as divisões nas variáveis preditoras que são utilizadas para prever a pertença a classes das variáveis dependentes categóricas ou para prever valores da variável dependente contínua (resposta). Em termos gerais, será encontrada a divisão em cada nó que gerará a maior melhoria na precisão da previsão. Isto é normalmente medido com algum tipo de medida de impureza do nó, que fornece uma indicação da homogeneidade relativa (o inverso da impureza) dos casos nos nós terminais. Se todos os casos em cada nó terminal apresentarem valores idênticos, então a impureza do nó é mínima, a homogeneidade é máxima e a previsão é perfeita (pelo menos para os casos utilizados nos cálculos; a validade da previsão para novos casos é, obviamente, uma questão diferente).

❖ *Determinar quando parar de dividir*

Em princípio, a divisão poderia continuar até que todos os casos fossem perfeitamente classificados ou previstos. No entanto, isto não faria muito sentido, uma vez que provavelmente acabaríamos com uma estrutura em árvore tão complexa e "entediante" como o ficheiro de dados original (com muitos nós possivelmente contendo observações individuais), e que muito provavelmente não seria muito útil ou precisa para prever novas observações. O que é necessário é uma regra de paragem razoável. No CART, estão disponíveis duas opções que podem ser utilizadas para controlar o processo de divisão, nomeadamente Minimum n e Fraction of objects.

❖ *Seleção da árvore "de tamanho certo*

O tamanho de uma árvore na análise de árvores de classificação e regressão é uma questão importante, uma vez que uma árvore demasiado grande só pode dificultar a interpretação dos resultados. Podem ser feitas algumas generalizações sobre o que constitui a árvore de "tamanho correto". Deve ser suficientemente complexa para ter em conta os factos conhecidos, mas ao mesmo tempo deve ser tão simples quanto possível. Deve explorar a informação que aumenta a precisão da previsão e ignorar a informação que não aumenta. Deve, se possível, conduzir a uma melhor compreensão dos fenómenos que descreve. As opções disponíveis no CART permitem a utilização de uma ou de ambas as estratégias diferentes para selecionar a árvore de "tamanho correto" de entre todas as árvores possíveis. Uma estratégia consiste em fazer crescer a árvore até ao tamanho certo, em que o tamanho certo é determinado pelo utilizador, com base nos conhecimentos de investigação anterior, na informação de diagnóstico de análises anteriores ou mesmo na intuição. A outra estratégia consiste em utilizar um conjunto de procedimentos estruturados e bem documentados desenvolvidos por Breiman et al. (1984) para selecionar a árvore com a dimensão certa.

4.3.2.2 J48

O J48 é uma implementação Java de código aberto do algoritmo C4.5 na ferramenta de extração de dados Weka. O C4.5 é um algoritmo de aprendizagem automática bem conhecido e amplamente utilizado, mas o seu desempenho em tempo de execução é sacrificado devido à limitação da memória principal nessa altura [14].

4.3.3 Conceção de um modelo de deteção de voz/não voz/silêncio baseado em regras

4.3.3.1 Quadro de decisão

As tabelas de decisão, tal como as árvores de decisão ou as redes neuronais, são modelos de classificação utilizados para a previsão. São induzidos por algoritmos de aprendizagem automática.

Uma tabela de decisão consiste numa tabela hierárquica em que cada entrada numa tabela de nível superior é decomposta pelos valores de um par de atributos adicionais para formar outra tabela [4].

A representação de uma tabela de decisão com um mapeamento de regras por defeito para a classe maioritária, designada por DTM (Decision Table Majority), tem dois componentes: um *esquema*, que é um conjunto de características incluídas na tabela, e um *corpo*, que consiste em instâncias rotuladas do espaço definido pelas características do esquema. Dada uma instância não rotulada, um classificador de tabela de decisão procura correspondências exactas na tabela de decisão utilizando apenas as características do esquema, tendo em conta que pode haver muitas instâncias correspondentes na tabela. Se não forem encontradas instâncias, é devolvida a classe maioritária do DTM; caso contrário, é devolvida a classe maioritária de todas as instâncias correspondentes [18].

Tratamento de valores de atributos

Os atributos devem ter um conjunto de valores discretos para que o classificador seja eficaz. Se um atributo for contínuo, o indutor utiliza a discretização baseada na entropia para que as distribuições das classes em compartimentos adjacentes sejam tão diferentes quanto possível. Esta discretização é efectuada globalmente. A ordenação dos compartimentos para os atributos contínuos é explícita, mas para os atributos categóricos os valores podem ser ordenados de três formas significativas: alfabeticamente, numericamente por pesos de registo ou numericamente por correlação com uma das classes a prever [4].

4.3.3.2 JRip

O JRIP é um aprendiz de regras preposicionais, ou seja, Repeated Incremental Pruning to Produce Error Reduction (RIPPER). O conjunto inicial de regras para cada classe é gerado utilizando o IREP. É utilizada a condição de paragem baseada no comprimento mínimo de descrição (MDL). Uma vez produzido um conjunto de regras para cada classe, cada regra é reconsiderada e são produzidas duas variantes [25].

4.3.4 Resumo

Neste trabalho de deteção de voz/sem voz/silêncio, o MATLAB 7.9, o Audicity 1.3.13, o wavesurfer 1.8.5 e a aprendizagem automática Weka 3.6 são utilizados como ferramentas de implementação devido à sua facilidade de aplicação no processamento da fala e do sinal. São fáceis de utilizar e processam a fala com diferentes componentes integrados.

Foi descrita uma estrutura bastante geral baseada numa abordagem de rede neural para a classificação de voz/sem voz/silêncio, na qual é efectuado um conjunto de medições no intervalo a classificar e é utilizado um classificador MLP para selecionar a classe adequada. Pode ser utilizado praticamente qualquer conjunto de medições, desde que exista alguma base física para assumir que as medições são capazes de distinguir de forma fiável entre estas três classes.

Neste artigo, descrevemos um método que utiliza uma abordagem de rede neural para classificar um determinado segmento de fala em três classes: fala sonora, fala surda e silêncio. A abordagem de rede neural fornece um método eficaz de combinar as contribuições de várias medidas de fala - que individualmente podem não ser suficientes para discriminar entre as classes - numa única medida capaz de fornecer uma separação fiável entre as três classes.

CAPÍTULO CINCO

EXPERIÊNCIAS E ANÁLISE DE DESEMPENHO

5.1 Introdução

Foram efectuadas diferentes experiências com o classificador de voz, ausência de voz e silêncio. O corpus de fala completo (900 frases) está dividido em dois conjuntos: o conjunto de treino (600 frases) e o conjunto de teste (300 frases). O primeiro compreende 66,67% do corpus, enquanto os restantes 33,33% são utilizados para efeitos de teste.

É efectuada uma pesquisa exaustiva de um classificador ótimo para selecionar empiricamente um classificador que tenha uma arquitetura simples e um desempenho de classificação razoavelmente elevado. Neste trabalho de investigação, são testados cinco tipos diferentes de classificadores, nomeadamente: dois baseados em regras (tabelas de decisão e JRip), duas árvores de decisão (J48 e CART simples) e uma rede neural (camada oculta simples e dupla com diferentes números de neurónios na camada oculta). O desempenho de classificação de cada um destes modelos é descrito a seguir, a partir da secção 5.2.

Além disso, tal como descrito no capítulo 4, secção 4.1.4, foram testadas seis combinações diferentes de características para este trabalho de tese. As características são a energia, o zero-crossing, os 13 coeficientes MFCC e os coeficientes LPC de 12 pólos. Estas características combinadas são descritas na Tabela 4.1.

É feita uma pesquisa exaustiva para encontrar um modelo de classificador, um tamanho de quadro e uma combinação de características óptimos, para a deteção de segmentos de fala com voz, sem voz e em silêncio. Neste capítulo, as experiências detalhadas realizadas para este trabalho de tese são discutidas brevemente.

5.2 Experiências com classificadores seleccionados

Para além das diferentes experiências realizadas com o classificador MLP de voz/sem voz/silêncio, os investigadores realizaram outras experiências com o mesmo conjunto de dados utilizado para o classificador MLP. Os outros classificadores utilizados incluem árvores de decisão (J48, Simple CART) e modelos baseados em regras (JRip, Decision Tables). De facto, para além destes modelos, foram também testados outros modelos de classificadores, como o RBFNetwork e o NaiveBayes, mas devido ao seu fraco desempenho de classificação, são omitidos nesta discussão. As tabelas 5.1, 5.2, 5.3, 5.4, 5.5 e 5.6 mostram o desempenho (em percentagem) destes classificadores para o mesmo conjunto de dados, para o vetor de caraterística um, o vetor de caraterística dois, o vetor de caraterística três, o vetor de caraterística quatro, o vetor de caraterística cinco e o vetor de caraterística seis, respetivamente, para um tamanho de fotograma de 20, 25, 30 e 35 milissegundos. Além disso, a curva de desempenho correspondente é apresentada nas figuras 5.1, 5.2, 5.3, 5.4, 5.5 e 5.6, respetivamente.

Tabela 5.1: Desempenho dos classificadores utilizando o vetor de características um (ver Tabela 4.1)

Energia e ZCR				
Classificador	20ms	25ms	30ms	35ms
Quadro de decisão	74.26%	74.29%	74.32%	74.24%
CARTÃO simples	74.29%	74.29%	74.29%	74.20%
Árvore (J48)	74.28%	**74.33%**	74.32%	74.23%
Regras (Jrip)	74.26%	74.29%	74.23%	74.20%
MLP10[6]	74.26%	74.28%	**74.33%**	74.18%
MLP10,5[7]	74.26%	74.31%	74.29%	74.20%

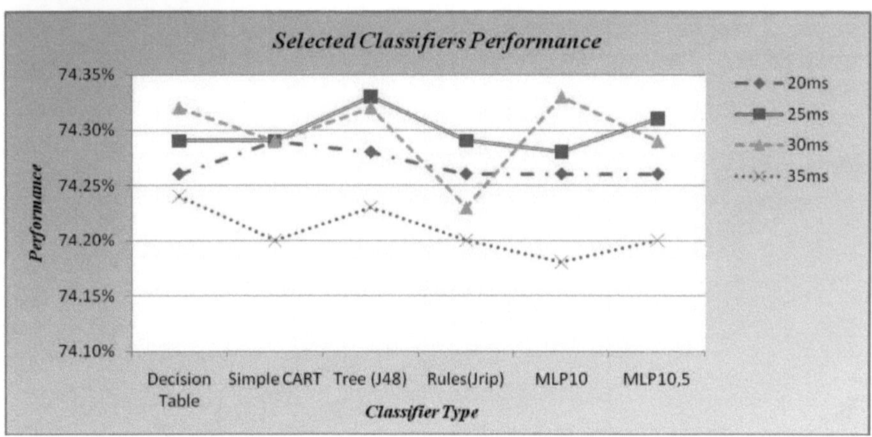

Figura 5.1: Análise da curva de desempenho dos classificadores utilizando o vetor de características um

Tabela 5.2: Desempenho dos classificadores utilizando o vetor de características dois

---

6 Representa uma rede neuronal (MLP) com 10 neurónios na camada oculta (MLP 15-10-3).
7 Representa uma rede neuronal (MLP) com 2 camadas ocultas com 10 e 5 neurónios na primeira e segunda camadas ocultas, respetivamente. (MLP 15-10-5-3).

Energia, ZCR e LPC				
Classificador	20ms	25ms	30ms	35ms
Quadro de decisão	81.80%	83.98%	82.94%	82.96%
CARTÃO simples	83.58%	83.98%	84.17%	**84.29%**
Árvore (J48)	82.60%	82.63%	83.69%	83.60%
Regras (Jrip)	82.60%	82.72%	83.54%	84.19%
MLP10	83.27%	84.30%	84.77%	84.30%
MLP10,5	83.10%	84.16%	**85.11%**	84.16%

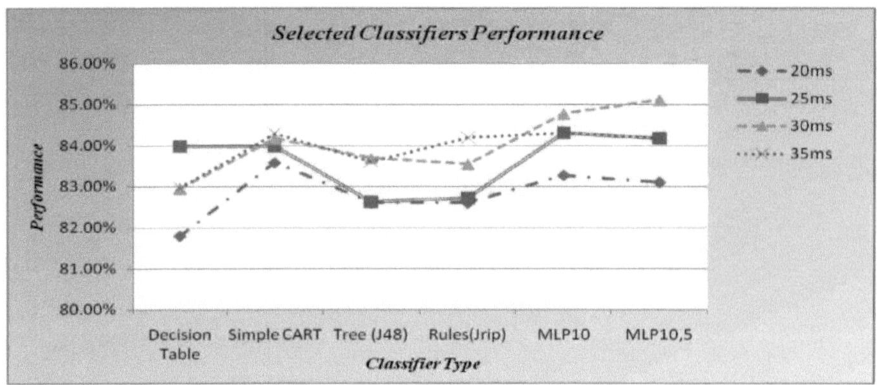

Figura 5.2: Análise da curva de desempenho dos classificadores utilizando o vetor de características dois

Table 5.3: Desempenho dos classificadores utilizando o vetor de características três

Classificador	20ms	25ms	30ms	35ms
Quadro de decisão	81.83%	82.47%	82.79%	82.96%
CARTÃO simples	82.96%	83.42%	84.55%	84.03%
Árvore (J48)	82.15%	82.62%	**87.67%**	83.15%
Regras (Jrip)	81.86%	81.86%	83.11%	83.63%
MLP10	82.80%	82.74%	**84.22%**	83.93%
MLP10,5	83.34%	83.22%	81.97%	83.95%

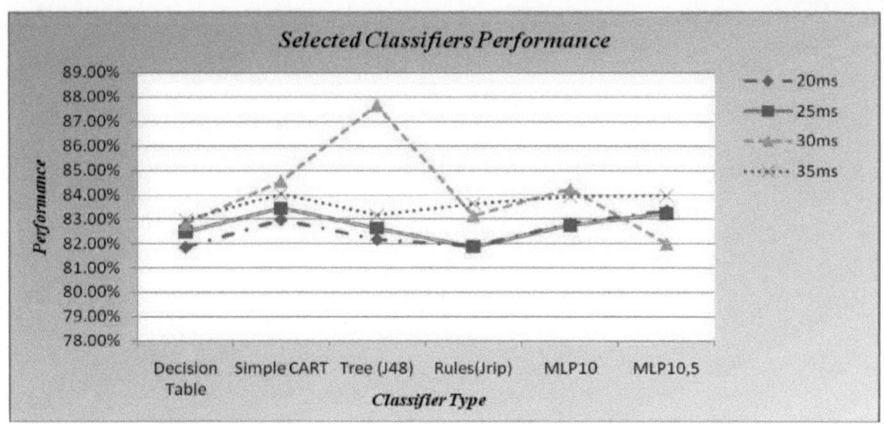

Figura 5.3: Análise da curva de desempenho dos classificadores utilizando o vetor de características três

Table 5.4: Desempenho dos classificadores utilizando o vetor de características quatro

Classificador	20ms	25ms	30ms	35ms
Quadro de decisão	86.07%	85.82%	86.02%	85.28%
CARTÃO simples	**88.40%**	87.98%	88.08%	87.90%
Árvore (J48)	87.60%	87.60%	87.32%	87.36%
Regras (Jrip)	-[8]	-[8]	87.94%	87.76%
MLP10	88.77%	88.78%	88.84%	**89.08%**
MLP10,5	88.64%	88.87%	88.80%	88.88%

---

8 Indica que o JRip requer um tamanho de heap java máximo (adicional) ao utilizado para os outros classificadores

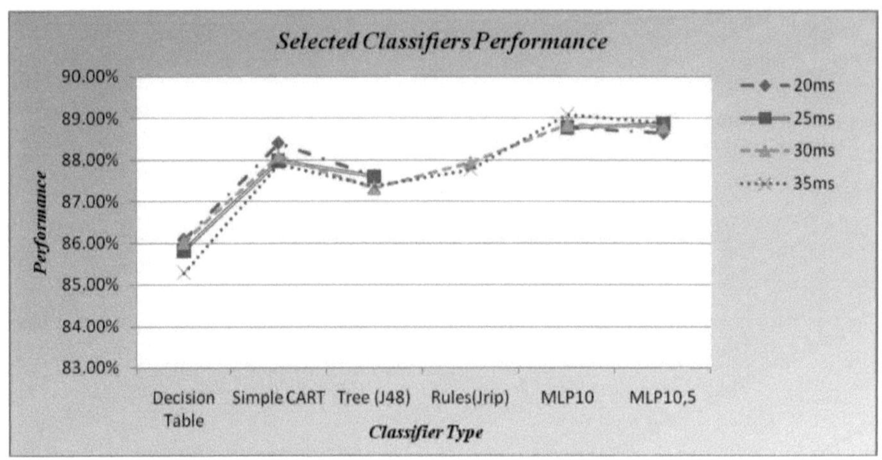

Figura 5.4: Análise da curva de desempenho dos classificadores utilizando o vetor de características quatro

Tabela 5.5: Desempenho dos classificadores utilizando o vetor de características cinco

Energia, ZCR e MFCC

Classificador	20ms	25ms	30ms	35ms
Quadro de decisão	86.07%	85.82%	86.02%	85.28%
CARTÃO simples	**88.41%**	88.14%	88.15%	87.83%
Árvore (J48)	87.37%	87.34%	87.08%	87.25%
Regras (Jrip)	_5	_5	_5	87.62%
MLP10	88.64%	88.96%	88.79%	**89.33%**
MLP10,5	88.77%	88.96%	88.66%	89.01%

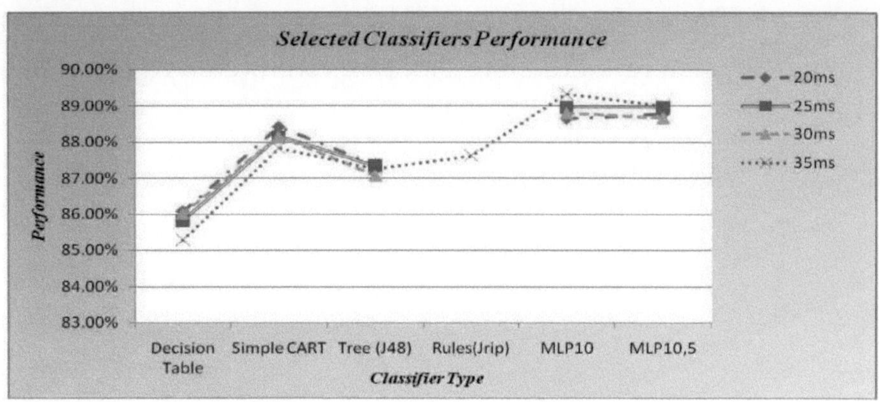

Figura 5. 5: Análise da curva de desempenho dos classificadores utilizando o vetor de características cinco

Tabela 5.6: Desempenho dos classificadores utilizando o vetor de características seis

Energia, ZCR MFCC-PCA

Classificador	20ms	25ms	30ms	35ms
Quadro de decisão	84.99%	83.79%	83.74%	84.21%
CARTÃO simples	**88.32%**	87.59%	87.40%	87.37%
Árvore (J48)	87.20%	86.64%	86.36%	86.85%
Regras (Jrip)	-[5]	-[5]	87.26%	87.50%
MLP10	88.24%	88.57%	88.43%	88.57%
MLP10,5	**88.58%**	88.31%	88.24%	88.40%

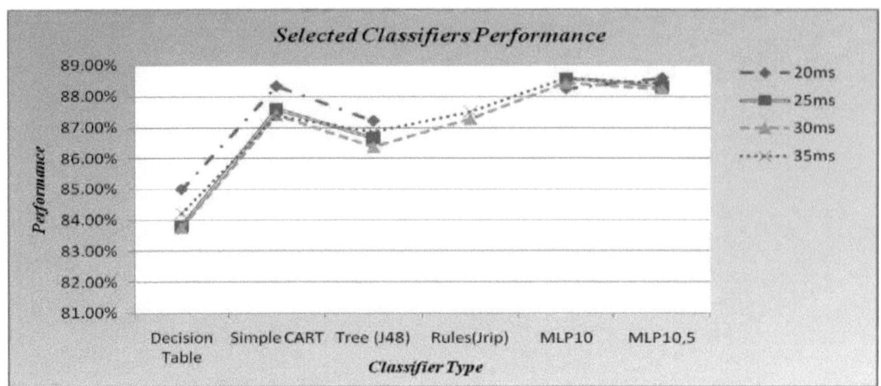

Figura 5. 6: Análise da curva de desempenho dos classificadores utilizando o vetor de características seis

Como se pode ver na curva de aprendizagem nas Figuras 5.1, 5.2, 5.3, 5.4, 5.5 e 5.6, a maioria dos classificadores tem melhor desempenho com vectores de características que contêm coeficientes MFCC do que com vectores de características que contêm apenas energia e ZCR ou LPC.

O vetor de características um, que contém a energia e o ZCR, funciona bem em 25 e 30 ms de segmento de discurso utilizando os classificadores de árvore de decisão (J48) e MLP10 com um desempenho de classificação de **74,33%**. O vetor de características dois, que contém os coeficientes LPC, funciona bem em 30 ms de segmento de discurso utilizando o classificador de árvore de decisão (J48) com um desempenho de classificação de **87,67%**. O vetor de características três, que contém os coeficientes de energia, ZCR e LPC, funciona bem em 30 ms de segmento de discurso utilizando o classificador MLP10-5, com um desempenho de classificação de **85,11%**. O vetor de características quatro, que contém o MFCC, funciona bem em 35 ms de segmento de discurso utilizando o classificador MLP10, com um desempenho de classificação de **89,08%**. O vetor de características cinco, que contém os coeficientes de energia, ZCR e MFCC, funciona bem em 35 ms de segmento de discurso utilizando o classificador MLP10, com um desempenho de classificação de 89,**33%**. O vetor de características seis, que contém os coeficientes de energia, ZCR e MFCC após a aplicação da PCA, funciona bem em 20 ms de segmento de discurso utilizando o classificador MLP10-5, com um desempenho de classificação de **88,58%**. A Tabela 5.7 resume o desempenho de classificação dos classificadores em função das características utilizadas.

Tabela 5.7: Resumo do desempenho

Vetor de características	1º Melhor desempenho	2º Melhor Desempenho	1º Melhor modelo	2º melhor modelo

Energia e ZCR	74.33%	74.32%	MLP10,J48	DT,J48
LPC	87.67%	84.55%	J48	CARTÃO
Energia, ZCR e LPC	85.11%	84.77%	MLP10-5	MLP10
CCMF	89.08%	88.88%	MLP10	MLP10-5
Energia, ZCR e MFCC	89.33%	89.01%	MLP10	MLP10-5
Energia, ZCR e MFCC-PCA	88.58%	88.57%	MLP10-5	MLP10

Como se pode ver no resumo do desempenho na Tabela 5.7, o vetor de características que contém as combinações de energia, ZCR e 13 coeficientes MFCC mostra um desempenho de classificação relativamente elevado em 35 milissegundos de segmento de fala, com uma precisão de classificação de **89,33%**. Esta precisão de classificação é obtida utilizando o classificador MLP10.

Como se pode ver no resumo do desempenho na Tabela 5.7, um classificador perceptron multicamada (MLP) domina os outros classificadores testados. Tendo em conta este facto, foram também realizadas outras experiências utilizando classificadores MLP com diferentes números de camadas ocultas e de neurónios em cada camada oculta. Dos classificadores MLP experimentados, um MLP com uma camada oculta com 25 neurónios na camada oculta mostrou uma melhor precisão de classificação de **89,69%**. Outras experiências realizadas através da afinação dos parâmetros do classificador MLP são conduzidas utilizando apenas o vetor de características cinco, devido ao facto de mostrar um desempenho de classificação relativamente elevado em relação aos outros vectores de características testados na secção 5.2. Segue-se uma descrição detalhada das experiências realizadas com os classificadores MLP (ver secção 5.3).

5.3 Experiências com o classificador MLP

A função perceptron de várias camadas da Weka, com alguns ajustes nos parâmetros, é utilizada para realizar experiências com o classificador de voz/sem voz/silêncio. São realizadas diferentes experiências com o classificador MLP, variando o tamanho da moldura, o número de camadas ocultas e o número de neurónios por camada oculta, utilizando o conjunto de treino para verificar a qualidade do classificador com base na observação que pode ser feita na curva de aprendizagem do vetor de características 5. Os investigadores começaram a treinar o sistema utilizando um MLP com uma única camada oculta com 8 nós e um tamanho de fotograma de 20 milissegundos, utilizando energia, ZCR e 13 coeficientes MFCC como características. Depois de o classificador ser treinado, o seu desempenho é medido no conjunto de teste. Tendo obtido um baixo desempenho do classificador treinado com estes parâmetros, os investigadores continuaram a aumentar o número de nós por camada, alterando o tamanho do quadro até obterem um desempenho ótimo do classificador. De facto, considera-se que o desempenho desejado do classificador é o desempenho medido a partir da curva de aprendizagem apresentada na Figura 5.7. A Tabela 5.8 mostra o desempenho obtido para as diferentes experiências realizadas, alterando o tamanho do quadro e o número de camadas ocultas e de neurónios por camada oculta, utilizando o vetor de características 5, com o desempenho correspondente dos classificadores para segmentos de fala de 20, 25, 30 e 35 milissegundos. A curva de desempenho correspondente é apresentada na Figura 5.7. A curva mostra que o tamanho do quadro, o número de camadas ocultas e os nós por camada são quase suficientes. Além disso, o desempenho obtido mostra o desempenho alcançável do classificador MLP.

Nesta secção, é apresentada a descrição pormenorizada das experiências realizadas e o desempenho de classificação do algoritmo.

Tabela 5.8: Desempenho do classificador MLP de camada simples e dupla (%)

	8	10	15	20	25	30	10,5	12,5	15,5	20,5	20,10	20,15
20ms	82.22	88.64	88.97	89.04	89.15	**89.27**	88.77	88.76	88.94	89.09	89.24	89.05
25ms	88.76	88.96	89.13	89.20	89.14	**89.53**	88.96	89.13	89.21	89.13	89.27	89.21
30ms	88.33	88.79	89.01	89.14	89.09	**89.21**	88.66	88.70	89.07	89.16	89.10	89.14
35ms	88.80	89.33	89.41	89.64	**89.69**	89.63	89.01	89.18	89.34	89.36	89.38	89.36

Os números nos cabeçalhos das colunas representam o número de neurónios por camada oculta. Por exemplo, 8 é um MLP com uma única camada oculta e 8 neurónios na camada oculta e 10,5 representa um MLP com duas camadas ocultas com 10 e 5 neurónios na primeira e segunda camadas ocultas, respetivamente.

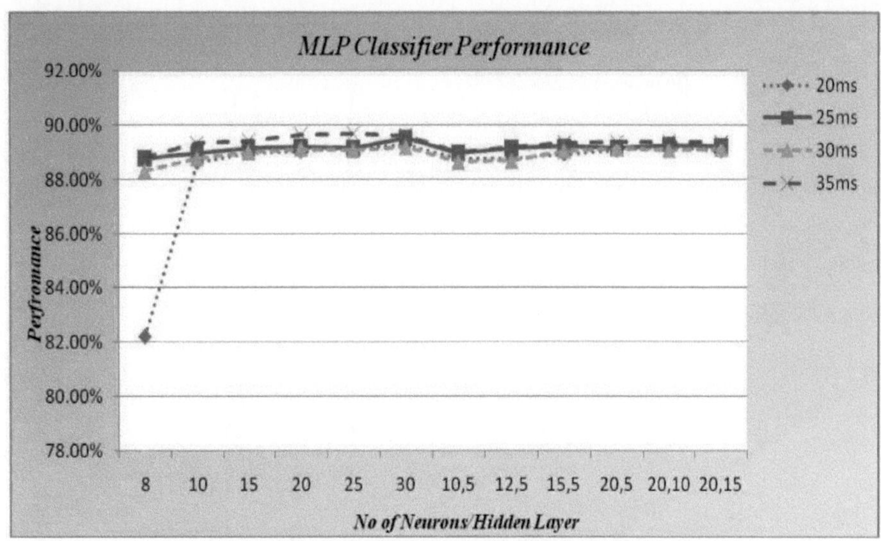

Figura 5. 7: Análise da curva de desempenho do classificador MLP de camada simples e dupla

A experiência realizada com 20 ms de segmento de discurso mostra um desempenho de classificação relativamente elevado no classificador MLP30 (MLP com uma única camada oculta e 30 neurónios na camada oculta), com um desempenho de classificação de **89,27%**. O segmento de discurso com 25 ms de comprimento do segundo quadro funciona bem no classificador MLP30, com um desempenho de classificação de **89,53%**. As experiências efectuadas com o segmento de discurso de 30 ms mostram um desempenho de classificação relativamente elevado no classificador MLP30, com um desempenho de classificação de **89,21%**. A última experiência de afinação de parâmetros realizada num segmento de discurso de 35 ms mostra um desempenho de classificação relativamente elevado no classificador MLP25, com um desempenho de classificação de **89,69%**. De facto, esta é a precisão de classificação mais elevada obtida em todas as experiências realizadas para este trabalho de tese. A taxa de aprendizagem utilizada para todos os classificadores MLP testados é α=0,3. A Tabela 5.9 resume o desempenho de classificação dos classificadores em função do tamanho do quadro utilizado.

Tabela 5.9: Resumo do desempenho do MLP de camada simples e dupla (α=0,3)

Taxa de aprendizagem (α=0,3)		
Tamanho do quadro	Melhor desempenho	Tipo de modelo
20 milissegundos	89.27%	MLP30

25 milissegundos	89.53%	MLP30
30 milissegundos	89.21%	MLP30
35 milissegundos	89.69%	MLP25

Além disso, é efectuada outra experiência com os quatro classificadores de elevado desempenho acima referidos, alterando a taxa de aprendizagem (α) do classificador MLP de 0,3 para 0,5. Os resultados obtidos para esta experiência estão resumidos na Tabela 5.10.

Tabela 5.10: Resumo do desempenho do MLP de camada simples e dupla (α=0,5)

Taxa de aprendizagem (α=0,5)		
Tamanho do quadro	Melhor desempenho	Tipo de modelo
20 milissegundos	89.15%	MLP30
25 milissegundos	89.36%	MLP30
30 milissegundos	89.09%	MLP30
35 milissegundos	89.25%	MLP25

Como se pode ver no resumo do desempenho na Tabela 5.10, o desempenho de todos os classificadores diminui à medida que a taxa de aprendizagem aumenta de 0,3 para 0,5.

Na secção 5.4, é apresentada uma análise detalhada do desempenho do classificador MLP (MLP25), que demonstrou uma elevada precisão de classificação. Além disso, é ilustrada uma precisão pormenorizada por classe e a matriz de confusão deste classificador.

5.4 Análise de desempenho

A fim de analisar o desempenho do classificador MLP25 para as diferentes categorias de sons, considera-se a frequência das categorias de sons em todo o corpus, no conjunto de treino e no conjunto de teste. Além disso, é desenvolvida uma matriz de confusão para este classificador de sons sonoros/não sonoros/silêncio.

5.4.1 Análise das características

As características mais populares que são utilizadas para a classificação de segmentos de fala sonoros/não sonoros/silenciosos incluem, Coeficientes Cepstrais de Frequência Mel (MFCC), Coeficientes Preditivos Lineares (LP), energia de curto prazo, taxa de cruzamento zero de curto prazo, magnitude média e função de auto-correlação.

Neste trabalho de investigação, utilizámos uma combinação de quatro características para a nossa experiência: energia de curto prazo, taxa de cruzamento zero de curto prazo, 13 coeficientes MFCC e um coeficiente LPC de 12 pólos (13 coeficientes LPC). Além disso, estas características são extraídas para cada 20, 25, 30 e 35 ms do segmento de fala.

Primeiro, realizámos a nossa experiência com o vetor de características que contém a combinação de energia e ZCR. O resultado foi uma precisão de classificação máxima de 74,33%. Em seguida, é efectuada uma experiência com o vetor de características que contém 13 coeficientes LPC, resultando numa precisão de classificação máxima de 87,67%. A terceira experiência realizada contém as combinações de energia, ZCR e 13 coeficientes LPC, o que resultou numa precisão de classificação máxima de 85,11%. A experiência seguinte é realizada com um vetor de características que contém 13 coeficientes MFCC, resultando numa precisão de classificação de 89,08%. Em seguida, é efectuada uma experiência com um vetor de características que contém a combinação das características energia, ZCR e 13 coeficientes MFCC, o que resultou numa precisão de classificação de 89,69%. Por fim, a última experiência é realizada utilizando o mesmo vetor de características da experiência cinco, exceto que é realizada uma análise de componentes principais no vetor de características, o que resulta numa precisão de classificação de 88,58%. A Tabela 5.11 resume o desempenho máximo obtido na experiência efectuada com cada uma das características utilizadas, independentemente do tamanho do fotograma e do modelo de classificador utilizado.

Tabela 5.11: Resumo do desempenho do vetor de características

Vetor de características	Desempenho
Energia e ZCR	74.33%
LPC	87.67%
Energia, ZCR e LPC	85.11%
CCMF	89.08%
Energia, ZCR e MFCC	89.69%
Energia, ZCR e MFCC-PCA	88.58%

Como se pode ver na Tabela 5.11, a combinação das características energia e ZCR apresenta a menor precisão de classificação: 74,33%. Isto deve-se ao facto de o valor de qualquer um destes parâmetros se sobrepor normalmente entre categorias, especialmente quando a fala não é gravada num ambiente de alta fidelidade. Por outro lado, todos os vectores de características que contêm valores MFCC apresentam uma elevada precisão de classificação, nomeadamente o vetor de características que contém as combinações de energia, ZCR e 13 coeficientes MFCC: 89.69%. A vantagem da abordagem MFCC tem sido uma forma automática de reduzir a quantidade de informação numa transformada de Fourier (FT) de um quadro de fala (que se assume sempre como capturando razoavelmente a informação essencial sobre a forma do trato vocal em qualquer ponto específico no tempo) para um pequeno conjunto de parâmetros, por exemplo, 10-16. O fator de redução de dados é aproximadamente o mesmo que para o LPC, exceto que o MFCC é capaz de utilizar alguns factores auditivos na distorção das escalas de frequência para modelar o ouvido humano melhor do que o LPC [16].

5.4.2 Análise do tamanho do quadro

A Tabela 5.12 resume o desempenho máximo obtido na experiência efectuada com diferentes tamanhos de fotogramas (20, 25, 30 e 35) em milissegundos, independentemente das características dos fotogramas e dos modelos de classificadores utilizados.

Tabela 5.12: Resumo do desempenho do tamanho do quadro

Tamanho do quadro	Desempenho
20	89.27%
25	89.53%
30	89.21%
35	89.69%

Como se pode ver na Tabela 5.12, dos quatro tamanhos de fotogramas experimentados, a experiência com segmentos de voz de 20 milissegundos apresenta a menor precisão de classificação, 89,27%. Por outro lado, a experiência efectuada com um segmento de discurso de 35 milissegundos mostra a maior precisão de classificação, 89,69%. Isto deve-se ao facto de os tamanhos pequenos dos fotogramas poderem não ser capazes de capturar todas as medidas necessárias (faltando os detalhes necessários) para mapear um fotograma de discurso para uma categoria específica.

5.4.3 Análise do modelo de classificador MLP selecionado

O desempenho do classificador MLP (MLP25) ilustrado nesta análise é obtido num vetor de características que contém energia, ZCR e 13 coeficientes MFCC. Além disso, de todos os tamanhos de quadro testados (20, 25, 30 e 35 ms)[9] , o desempenho descrito abaixo para este classificador é obtido num segmento de fala de 35 ms.

O resumo da classificação do classificador MLP (15-25-3) é apresentado a seguir, juntamente com uma precisão pormenorizada por classe e uma matriz de confusão apresentada na tabela 5.13 e na tabela 5.14, respetivamente.

Tempo necessário para construir o modelo:

---

9 O tamanho do fotograma entre 20-35 milissegundos é selecionado porque durante esse tempo os humanos não podem alterar significativamente a forma do trato vocal. E não é efectuada qualquer análise para determinar o valor incremental entre os tamanhos de fotogramas utilizados.

6512.76 segundos

=== Avaliação no conjunto de teste ===

=== Resumo =====

Instâncias corretamente classificadas	36879	89.6906 %
Instâncias incorretamente classificadas	4239	10.3094 %
Estatística Kappa	0.7379	
Erro absoluto médio	0.0932	
Raiz do erro quadrático médio	0.2329	
Erro absoluto relativo	34.1071 %	
Raiz do erro quadrático relativo	63.1707 %	
Número total de instâncias	41118	

Tabela 5.13: Exatidão detalhada por classe (MLP25)

	Taxa TP	Taxa FP	Precisão	Recall	Medida-F	Área ROC	Classe
	0.778	0.011	0.827	0.778	0.802	0.978	Silêncio
	0.956	0.225	0.924	0.956	0.94	0.936	Voz
	0.709	0.043	0.799	0.709	0.751	0.919	Não facturado
Média ponderada	0.897	0.176	0.894	0.897	0.895	0.935	

Tabela 5.14: Matriz de confusão (MLP25)

a	b	c	<-- *classificado como*
2055	304	281	*a = Silêncio*
194	29173	1142	*b = Vozeado*
237	2081	5651	*c = Não*

O resumo do classificador MLP mostra que classifica 36.879 instâncias corretamente e 4.239 instâncias incorretamente no conjunto de teste. O desempenho do classificador varia para as diferentes classes de sons, com um desempenho mais elevado para os sons sonoros, seguido dos sons silenciosos e dos sons surdos, para o conjunto de teste treinado no conjunto de treino, como se mostra na tabela 5.13 e 5.14.

5.5 Resumo

São efectuadas diferentes experiências para o classificador de segmentos de fala com voz, sem voz e com silêncio. Assim, são obtidos desempenhos diferentes: o classificador MLP com uma única camada oculta com 25 neurónios na camada oculta tem um desempenho melhor do que os outros classificadores. O desempenho do classificador MLP para voz/sem voz/silêncio é de **89,69%**.

Universidade de Adis Abeba-FCMS

CAPÍTULO SEIS

CONCLUSÃO E RECOMENDAÇÃO

6.1 Conclusão

O interesse pela discriminação de categorias de segmentos de fala (sonoro/sem voz/silêncio) tem-se intensificado ultimamente devido à procura crescente de uma potencial utilização em sistemas comerciais ou não comerciais e em vários sistemas de processamento da fala. Os actuais sistemas de comunicação pessoal, como os telemóveis, são exemplos de sistemas comerciais que integram capacidades de codificação e reconhecimento da fala no seu funcionamento. Estes sistemas requerem normalmente comandos de voz para os controlar. Os comandos de voz têm de ser extraídos com precisão do fundo para serem processados.

A atribuição de categorias de fala a segmentos de fala num som de fala é uma componente importante de muitos sistemas de processamento da fala. Uma classificação exacta de um segmento de fala como sonoro/não sonoro/silêncio com um sistema de deteção de sonoridade é frequentemente utilizada como pré-requisito para o desenvolvimento de outras aplicações eficientes e de nível superior de sistemas de processamento da fala, tais como a codificação da fala, a análise da fala, a síntese da fala, o reconhecimento automático da fala, a supressão e o melhoramento do ruído, a deteção do tom, a identificação do locutor e o reconhecimento de patologias da fala.

A deteção de segmentos de fala sonoros/não sonoros/silêncio é um método de atribuição e rotulagem de uma categoria de fala específica (sonoro/não sonoro/silêncio) a um segmento de fala para discriminar um som de fala de um ruído de fundo com base nas características acústicas do segmento de fala. Trata-se de uma área de investigação importante no domínio do processamento da linguagem natural para diferentes línguas. Além disso, a deteção de segmentos de discurso sonoros, surdos ou silenciosos pode ser concebida como um problema de atribuição de categorias de discurso a um segmento de discurso numa frase. Este problema pode ser resolvido utilizando diferentes técnicas, entre as quais uma Rede Neuronal Artificial (RNA), especificamente uma abordagem do tipo Multilayer Perceptron (MLP), é considerada como tendo um melhor desempenho do que outras abordagens.

Foi concebido um perceptron multicamada com uma única camada oculta com 25 neurónios na camada oculta para a deteção de segmentos de voz sonoros/não sonoros/silêncios. A escolha do classificador MLP deve-se ao facto de ter um melhor desempenho do que os outros modelos experimentados.

O corpus de dados é um componente importante no processamento da linguagem natural em geral e na deteção de segmentos de fala sonoros/não sonoros/silêncios em particular. Assim, foi recolhido um corpus com um total de 900 frases de diferentes fontes de texto em amárico. São identificadas três categorias de discurso como conjuntos de etiquetas que são utilizadas na anotação deste total de frases para criar um corpus anotado para treinar o classificador MLP, uma vez que é utilizada uma abordagem de aprendizagem supervisionada.

O corpus é dividido em dois (conjunto de treino e conjunto de teste) para efeitos de teste e treino. O conjunto de treino consiste em 67,67% do corpus (600 frases) e o conjunto de teste consiste em 33,33% do corpus (300 frases). As ferramentas de software Matlab 7.9, Audicity 1.3.13, wavesurfer 1.8.5 e weka 3.6 são utilizadas na implementação e na experiência do classificador de segmentos de fala com voz, sem voz e em silêncio. Neste trabalho de investigação, foram testados cinco tipos diferentes de classificadores, a saber: dois baseados em regras (tabelas de decisão e JRip), duas árvores de decisão (J48 e CART simples) e uma rede neural (camada oculta simples e dupla com diferentes números de neurónios na camada oculta). Assim, obtiveram-se desempenhos de 86,07%, 88,41%, 87,67%, 87,94% e 89,69% para os classificadores Tabela de decisão, CART simples, J48, JRip e MLP25, respetivamente. Por conseguinte, é possível concluir que um perceptron de várias camadas com uma única camada oculta com 25 neurónios na camada oculta tem um desempenho melhor do que outro classificador. Além disso, este trabalho de investigação obteve resultados prometedores nos cinco modelos experimentados.

Tabela 6.1: Resumo do desempenho do classificador

Classificador	Desempenho (%)
Quadro de decisão	86.07%
CARTÃO simples	88.41%
Árvore de decisão (J48)	87.67%
Regras (Jrip)	87.94%
MLP25	89.69%

6.2 Recomendação

Há muitas áreas de investigação no domínio do processamento da linguagem natural que podem ser desenvolvidas para as diferentes línguas da Etiópia. O mesmo se aplica à língua amárica. Por conseguinte, para ajudar os investigadores, será muito importante desenvolver um corpus de discurso normalizado para a língua amárica, que estará disponível para os investigadores de PNL em língua amárica.

Por último, este trabalho de investigação sugere os seguintes pontos como trabalho futuro:

❖ Estudo comparativo de três abordagens diferentes (classificadores baseados em HMM, baseados em regras e baseados em RNA com mais dados de treino e de teste)

❖ Alargar este trabalho através da formação num corpus de grandes dimensões e da utilização de conjuntos de etiquetas equilibrados para as diferentes categorias de som

❖ Comparação de abordagens híbridas

❖ Experimentar a identificação de fonemas após o reconhecimento de sons sonoros/não sonoros/silêncios

❖ Modelação e investigação de um sistema de reconhecimento da fala baseado em RNA.

Referências

[1] Função de ativação. Recuperado em 07 de novembro de 2011, de

http://en.wikipedia.org/wiki/Activation_function

[2] Atal, B. S., & Rabiner, L. R. (1976). Uma abordagem de reconhecimento de padrões para Classificação de Vozes/Não Vozes/Silêncio com Aplicação ao Reconhecimento de Fala. IEEE Transactions on Acoustics, Speech, and Signal Processing, ASSP-24, NO. 3.

[3] Bachu, R. G., Kopparthi, S., Adapa, B., & Barkana, B. D. (2010). Voiced/Unvoiced Decision for Speech Signals Based on Zero-Crossing Rate and Energy (Decisão de voz/não voz para sinais de fala com base na taxa de cruzamento zero e energia). USA.

[4] Becker, B. G. (2011). Visualizing Decision Table Classifiers (Visualização de classificadores de tabelas de decisão). Shoreline Blvd, MS-500 Mountain View, CA 94043-1389.

[5] Beritelli, F., Casale, S., Russo, A., & Serrano, S. (2009). Adaptive V/UV Speech Detection Based on Characterization of Background Noise (Deteção de fala V/UV adaptativa baseada na caraterização do ruído de fundo).

[6] Camastra, F., & Vinciarelli, A. (2008). Machine Learning for Audio, Image, and Video Analysis Theory and Applications [Aprendizagem automática para teoria e aplicações de análise de áudio, imagem e vídeo]. Londres: Springer-Verlag London Limited.

[7] Crystal, D. (2008). Um dicionário de linguística e fonética (6 ed.). EUA, Reino Unido, Austrália Blackwell Publishing Ltd.

[8] David, G. (2003). Relatório Técnico: Extração de Pitch e Frequência Fundamental - História e Técnicas Actuais. Regina, Saskatchewan, CANADÁ

[9] Dhananjaya, N., & B.Yegnanarayana. (2010). Deteção de voz/não voz com base na robustez dos períodos de voz IEEE Signal Processing Letters.

[10] Livro eletrónico de Estatística. (2011). Recuperado em 08 de fevereiro de 2012, de

http://www.statsoft.com/textbook

[11] Elleithy, K. (2010). Técnicas Avançadas em Ciências da Computação e Engenharia de Software. Londres, Nova Iorque: Springer Science+Business Media B.V.

[12] Gebregziabher, T. (2010). Etiquetador de parte do discurso para a língua Tigrigna. Tese de mestrado, Universidade de Adis Abeba.

[13] Getahun, A., H *ᵐˑᶜ* / '4! ₥ ᵐ⁄ᵣ ' ΛΨ(W' ibˢ ΛΛ λᶜ M√.·il. (1989). Addis Ababa: Imprensa

comercial.

[14] HE, P., CHEN, L., & XU, X. H. (2007, 19-22 de agosto). FAST C4.5. Trabalho apresentado na Sexta Conferência Internacional sobre Aprendizagem Automática e Cibernética, Hong Kong.

[15] Holmes, J., & Holmes, W. (2001). Speech Synthesis and Recognition (2 ed.). Londres, EUA, Canadá: Taylor & Francis.

[16] Jacob Benesty, M. M. S., Yiteng Huang. (2008). Springer Handbook of Speech Processing. Springer-Verlag Berlin Heidelberg.

[17] Kecman, V. (2001). Learinig and Soft Computing Support Vetor Machines, Neural Networks and Fuzzy Logic Models. Cambridge, Massachusetts: The MIT Press.

[18] Kohavi, R. (1995). O poder das tabelas de decisão. Documento apresentado na Conferência Europeia sobre Aprendizagem Automática (ECML).

[19] Ladefoged, P. (2001). A course in Phonetics (4 ed.). EUA: Heinle & Heinle, uma divisão da Thomson Learning Inc.

[20] Lodge, K. (2009). A Critical Introduction to Phonetics [Introdução crítica à fonética]. Nova Iorque: Continuum International Publishing Group.

[21] Meddins, B. (2000). Introdução ao Processamento Digital de Sinais. Oxford: Newness, uma marca da Butterworth-Heinemann.

[22] Redes Neuronais Perceptron Multilayer. Recuperado em 07 de novembro de 2011, de http://www.dtreg.com/mlfn.htm

[23] Perceptron multicamada. Recuperado em 07 de novembro de 2011, de http://en.wikipedia.org/wiki/Multilayer_perceptron

[24] Qi, Y., & Hunt, B. R. (1993). Voiced-Unvoiced-Silence Classification of Speech Using Hybrid Features and a Network Classifier. IEEE Transactions on Speech and Audio Processing, Vol. 1, NO. 2,.

[25] R.P.Datta, & Saha, S. (2011). Uma comparação empírica de técnicas de classificação baseadas em regras em bases de dados médicas. Em R. Bhattacharyya (Ed.), Working Paper Series. Nova Deli, Calcutá: Instituto Indiano de Comércio Externo.

[26] Rabiner, L. R., & Sambur, M. R. (2003). Voiced-Unvoiced-Silence Detection Using the Itakura LPC Distance Measure. Murray Hill, New Jersey 07974.

[27] Rabiner, L. R., & Schafer, R. W. (1978). Digital Processing of Speech Signals (Processamento Digital de Sinais de Fala). EUA: Prentice Hall International Inc.

[28] Rokach, L., & Maimon, O. (2008). Data Mining with Decision Trees: Theory and Applications (Vol. 69). Singapura: World Scientific Publishing Co. Pte. Ltd.

[29] Rumelhart, D. E., Hinton, G. E., & Williams, R. J. (1986). Learning Internal Representations by Error Propagation (Vol. 1: Foundations): MIT Press.

[30] Parte da Escola de Ciências da Computação e Comunicação. Recuperado em 08 de novembro de 2011, de http://www.speech.kth.se/wavesurfer/index2.html

[31] Tatarinov, J., & Pollak, P. Hidden Markov Models in voice activity detection. República Checa

[32] O editor de som gratuito e multiplataforma. Recuperado em 08 de novembro de 2011, de http://audacity.sourceforge.net/

[33] Witten, I. H., Eibe, F., & Hall, M. A. (2011). Data Mining: Practical Machine Learning Tools and Techniques (3 ed.). 30 Corporate Drive, Suite 400, Burlington, MA 01803, EUA A Morgan Kaufmann Publishers é uma marca da Elsevier.

Apêndices

Appendix A: Exemplo de corpus de texto em amárico

1. የነቀምቴ ስታድየም ግንባታ ስልሳ በመቶ ተጠናቀቀ::
2. አጸደ በዱባይ ማራቶን ለድል ከሚጠበቁት አትሌቶች አንድዋ ነች::
3. ጥሩነሽ በዔዘንብራ አገር አቋራጭ ውድድር አሸነፈች::
4. በኢትዮጵያ የኔትቦል ስፖርት እንዲስፋፋ እንግሊዝ ትደግፋለች::
5. የመቀሌ ስታድየም የመጀመሪያው ምእራፍ ግንባታ ተጠናቀቀ::
6. ኃይሉ በቶኪዮ ማራቶን አሸነፈ::
7. ጠይባ በቦስተን ማራቶን ለድል ትጠበቃለች::
8. የፌዴራል ማረሚያ ቤቶች ስፖርት ክለብ አዲስ የስራ አስኪያጅ ኮሚቴ መረጠ::
9. በታና የሂዮስተን ማራቶንን ክብረ ወሰን በማሻሻል አሸነፈ::
10. ኃይሌ በማንቸስተር የጎዳና ሩጫ ለድል ይጠበቃል::
11. ብዙነሽ በሙምባይ ማራቶን ለድል ትጠበቃለች::
12. ፌዴሬሽኑ ባጸደቃቸው መመሪያዎች ከባልድርሻ አካላት ጋር ተወያየ::
13. ኃይሌ በኒውዮርክ ግማሽ ማራቶን ውድድር ይካፈላል::
14. ሁነኛው በስቴን የአገር አቅዋራጭ ውድድር አሸነፈ::
15. በላሊበላ ከተማ ታላቁ ሩጫ ተካሄደ::
16. ከአፍሪካ ሃያ አምስት ምርጥ ስፖርተኞች ኢትዮጵያውያን ግንባር ቀደም ስፍራ ይዘዋል::
17. ገንዘቡ በጌንት የአንድ ሺ አምስት መቶ ሜትር ሩጫ አሸነፈች::
18. ሲራጅ በሮም የማራቶን ውድድርን በባድ አግኙ በማጠናቀቅ ታሪክ አስመዘገበ::
19. ኢትዮጵያ ለዶኃ ውድድር በመሰረት ደፋር የሚመራ ቡድን ትልካለች::
20. ታዋቂ አትሌቶች በሚገኙበት በኃዋሳ ከተማ የሩጫ ውድድር ይካሄዳል::
21. ለወልድያ ስታድየም ግንባታ የሚውል ገቢ ማሰባሰብ ተጀመረ::
22. ፀጋዬ ከበደ በለንደን ማራቶን አሸነፈ::
23. ኃይሌ የታላቁ ማንቸስተር ሩጫ ውድድርን አሸነፈ::
24. ቀነኒሳ በዶኃው የዳይመንድ ሊግ ውድድር አይሳተፍም::
25. ኢትዮጵያ በአለምፒክ ለመሳተፍ ዝግጅት አያደረገችም ነው::
26. በአገር አቀፍ ደረጃ በተለያዩ የስፖርት አይነቶች ስልጠና እያተሰጠ ነው::
27. ስቴን የአለም ዋንጫን ያሸነፈችባት ኩዋስ በጨረፈታ ሰባ አራት ሺህ ድላር አወጣች::
28. ለአለም ዋንጫ በኮከብነት አስር ተጫዋቾች ታጩ::
29. ኢትዮጵያ በአስራ ሶስተኛው የአለም ወጣቶች ሻምፒዮና የአምስተኛ ደረጃን አገኘች::
30. ኢትዮጵያ በሞስኮ በተካሄደ የሩጫ ውድድሮች አሸነፉ::
31. የኢትዮጵያ ብሄራዊ የአገር ከዋስ ቡድን አሰልጣኝ እንግሊዛዊ ነው::
32. አመታዊ የአዲስ አበባ የከለቦች ብስክሌት ሻምፒዎና የፍጻሜ ውድድር ተካሄደ::
33. የአዲስ አበባ የዱላ ቅብብል ውድድር ሰኔ ላይ ይካሄዳል::
34. የአዳማ ዩኒቨርስቲ ለታዳጊ ወጣቶች የስፖርት ስልጠና እየሰጠ ነው::
35. የአለም የወጣቶች አሎምፒክ ሻምፒዮና በሲንጋጋር እየተካሄደ ነው::
36. ታሪኩ በበርሊን የሶስት ሺህ ሜትር አሸነፈ::
37. ታደሰ በሊዝበን ግማሽ ማራቶን አሸነፈ::
38. ደቡብ አፍሪካ ያስተናገደችው የአለም ዋንጫ ታላቅ ውጤት የተመዘገበበት እንደነበር ፊፋ ገለጠ::
39. የመቀሌ ስታድየም እድሳት እየተደረገለት ነው::
40. መሰረት የአመቱ ምርጥ አትሌትነት ምርጫን በመምራት ላይ ነች::
41. የኢትዮጵያ አገር ከዋስ ፌደሬሽን ጠቅላላ ጉባዔ ተጀመረ::
42. የጋራ ብልጥግና አገሮች የስፖርት ሻምፒዮና ተጀመረ::

43. የዘንድሮው የታላቁ ሩጫ ውድድር ምዝገባ ተጠናቀቀ::

44. መንግስቱ ወርቁ ከዚህ አለም በሞት ተለየ::

45. አዝመራውና ሱሌ የታላቁ ሩጫ ውድድርን አሸነፉ::

46. ኃይሌ ሩጫ የሚያቆምበትን ትክክለኛ ጊዜ እንደማያውቀው ተናገረ::

47. ፌደሬሽኑ ብጥብጥ ባስነሱ ወገኖች ላይ ተገቢውን እርምጃ እንደሚወስዴ ገለጠ::

48. ኃይሌ የአለማችን የምንዚዜም ምርጥ ወንድ አትሌትነትን ምርጫ በድምጥ ብልጫ እየመራ ነው::

49. አቡ·ትሪካ የአፍሪካ የአመቱ ኮከብ ተጫዋች ተብሎ ተሸለመ::

50. ሀገር አቀፉ የከፍተኛ ትምህርት ተቋማት የስፖርት ፌስቲቫል በጎንደር ተጀመረ::

Appendix B: Vetor de características de amostra

Energia	ZCR	Ganho	LPC1	LPC2	LPC3	LPC4	LPC5	LPC6	LPC7	LPC8	LPC9	LPC10	LPC11	LPC12	Classe
596.04	0	1	-1.002	0.002	0.001	0.0005	0.0005	-9E-04	0.0003	-3E-04	-0.002	-0.002	-4E-04	0.0037	Silêncio
593.65	0	1	-0.999	0.0012	-0.003	0.0038	-2E-04	0.0008	-0.003	-0.005	0.0036	-0.003	0.0009	0.0034	Silêncio
597.69	0	1	-1.002	0.0052	-0.003	0.0012	0.0011	-0.003	-7E-04	-0.001	0.0006	-1E-03	-2E-05	0.0039	Silêncio
594.38	0	1	-1.001	0.0017	-8E-04	0.0034	-0.004	-7E-04	0.0017	-0.003	-0.002	2E-05	0.0041	0.0009	Silêncio
599.22	0	1	-1.003	0.0049	-0.003	0.0023	0.0014	-0.003	-4E-04	-0.003	7E-05	0.0032	-0.001	0.0029	Voz
610.66	0	1	-1.183	0.0801	0.049	0.0506	0.0218	0.0014	0.0076	-0.005	-0.001	-0.011	-0.022	0.0127	Voz
691.67	50	1	-1.952	0.8818	0.0998	0.0643	-0.018	-0.025	0.0153	-0.028	-0.044	-0.014	-0.013	0.0383	Voz
723.64	46	1	-2.153	1.5606	-0.535	0.2278	-0.034	-0.011	-0.073	0.1048	-0.035	-0.086	0.065	-0.028	Voz
750.87	58	1	-1.856	0.8781	0.0446	0.0342	-0.03	-0.052	0.0016	0.092	-0.04	-0.108	0.0364	0.0035	Voz
737.24	60	1	-1.84	0.8201	0.1123	0.03	-0.056	-0.071	0.0352	0.0586	-0.035	-0.073	-0.022	0.0446	Voz
669.33	40	1	-1.76	0.6775	0.1706	0.0454	-0.086	-0.038	0.04	-0.018	-0.013	0.0131	-0.098	0.0708	Voz
611.37	12	1	-1.484	0.362	0.1574	0.0461	-0.012	0.0259	-0.005	-0.039	-0.006	-0.009	-0.016	-0.018	Voz
581.56	0	1	-1.015	0.0078	0.006	0.0044	0.0063	0.0036	-0.002	-9E-04	-0.002	-0.005	-0.002	5E-05	Não facturado
566.44	0	1	-1.147	0.0596	0.0592	0.0565	0.0506	0.0387	0.0078	-0.014	-0.031	-0.044	-0.03	-0.005	Não facturado
568.51	0	1	-1.369	0.1447	0.1411	0.1108	0.0574	0.0199	-0.009	-0.031	-0.038	-0.034	-0.007	0.0153	Voz
575.9	28	1	-1.897	0.7123	0.2463	0.0458	0.0154	0.0068	-0.07	-0.123	-0.077	0.0411	0.2157	-0.116	Voz
610.32	22	1	-1.667	0.4131	0.1819	0.1022	0.0986	0.0411	-0.077	-0.131	-0.067	0.0119	0.1024	-0.007	Voz
570.01	0	1	-1.093	0.0071	0.0186	0.0327	0.0333	0.0223	0.0042	0.0012	-0.004	-0.024	-0.018	0.0204	Não facturado
577.11	0	1	-1.004	0.0018	0.0029	0.0023	0.0012	-0.003	-0.002	0.0027	-0.003	0.0008	0.0009	-3E-04	Não facturado
574.49	0	1	-1.001	0.0026	-0.002	0.0051	-0.004	-1E-05	0.0025	-0.005	0.0033	-0.003	-3E-04	0.0019	Não facturado
573.39	0	1	-1.001	0.0088	-0.004	0.0012	0.0011	-0.004	0.0007	-0.001	-0.003	0.0017	0.0018	-0.001	Não facturado
591.49	22	1	-1.503	0.4042	0.1122	0.0299	0.0151	0.001	0.0104	0.004	-0.026	-0.061	-0.036	0.0542	Não facturado
695.14	39	1	-1.746	0.6299	0.1414	0.0372	0.0043	0.0058	0.0129	-0.041	-0.057	-0.016	-0.018	0.0531	Não facturado
659.17	27	1	-1.827	0.5817	0.2447	0.0962	0.0359	0.0177	-0.051	-0.144	-0.083	0.0564	0.1465	-0.07	Voz
632.8	20	1	-1.584	0.3094	0.1629	0.1069	0.0763	0.0498	0.0041	-0.063	-0.08	-0.04	0.0227	0.0397	Voz
617.49	4	1	-1.396	0.1681	0.09	0.1001	0.0497	0.0561	0.0531	-0.042	-0.062	-0.044	-0.045	0.0737	Voz
578.03	0	1	-1.391	0.138	0.1236	0.109	0.0809	0.045	0.0007	-0.032	-0.055	-0.076	-0.066	0.124	Voz
584.79	0	1	-1.336	0.1054	0.1083	0.1009	0.0644	0.0349	-8E-04	-0.024	-0.044	-0.066	-0.049	0.1065	Voz
608.76	16	1	-1.415	0.1704	0.1229	0.1001	0.0809	0.0425	0.0008	-0.038	-0.055	-0.03	-0.005	0.0326	Voz
651.17	14	1	-1.462	0.2096	0.1188	0.0989	0.0819	0.0307	-0.006	-0.022	-0.018	-0.024	-0.024	0.0255	Voz
685.28	25	1	-2.037	1.1379	-0.26	0.2025	0.2025	-0.198	-0.145	0.1025	-0.005	-0.097	0.1963	-0.096	Voz
711.02	19	1	-1.736	0.4991	0.1748	0.1034	0.0518	0.0076	-0.048	-0.071	-0.033	0.0067	0.0622	-0.012	Voz
603.71	0	1	-1.014	0.0007	0.001	-4E-04	0.0051	0.0035	-0.002	-0.002	0.0002	0.0006	-0.001	0.0082	Voz
579.57	0	1	-1.032	0.0103	0.0162	0.0112	0.0047	0.0009	-0.002	-0.003	-0.009	-0.007	-0.006	0.0174	Voz
833.6	40	1	-1.759	0.5929	0.1572	0.0898	-0.005	-0.037	-0.009	-0.026	-0.018	-0.003	-0.01	0.0406	Voz
790.32	38	1	-1.633	0.4237	0.1538	0.0843	0.0368	-0.016	-0.019	-0.009	-0.017	-0.021	-0.003	0.0325	Voz
728.16	32	1	-1.482	0.2411	0.1193	0.1369	0.066	-0.034	-0.017	-0.021	-0.012	-0.001	0.0407	-0.024	Voz
768.3	34	1	-1.588	0.3517	0.1613	0.0865	0.0353	0.0157	0.0045	-0.05	-0.038	0.019	0.0175	-0.006	Voz
702.53	26	1	-2.263	1.6311	-0.458	0.1549	-0.067	0.018	0.0984	-0.127	-0.077	0.1139	-0.045	0.023	Voz
581.82	4	1	-1.626	0.4275	0.1717	0.0767	0.0449	0.0092	-0.019	-0.063	-0.061	-0.045	-0.025	0.1102	Voz
658.45	45	1	-2.014	1.0014	0.0674	0.0214	-0.042	0.0002	0.0348	-0.028	-0.07	-0.051	0.0151	0.0694	Voz
644.79	31	1	-1.788	0.5469	0.1831	0.1376	0.0488	-0.024	-0.047	-0.078	-0.025	0.0057	0.006	0.0373	Voz
552.42	0	1	-1.204	0.0535	0.0512	0.0541	0.0402	0.0292	0.0143	-0.002	-0.009	-0.028	-0.024	0.0255	Voz
545.35	0	1	-1.224	0.0642	0.0663	0.0587	0.0448	0.0343	0.0115	-0.007	-0.016	-0.03	-0.031	0.0283	Voz
539.02	0	1	-1.041	0.0138	0.0084	0.0122	0.0093	0.0054	0.0054	-5E-04	-0.003	-0.004	-0.004	-0.002	Voz
535.66	0	1	-1.068	0.0167	0.0156	0.016	0.0116	0.0068	0.0046	0.0071	0.0071	0.0011	0.003	-0.021	Voz
707.54	36	1	-1.666	0.4539	0.1534	0.0752	0.0376	0.0085	-0.01	-0.032	-0.023	-0.016	-0.023	0.051	Voz
724.28	32	1	-1.805	0.6685	0.1002	0.0814	0.0298	-0.021	-0.032	-0.031	-0.003	0.0095	0.0244	-0.013	Voz

645.82	18	1	-1.723	0.5179	0.1309	0.0599	0.0912	0.0338	-0.019	-0.059	-0.076	-0.027	0.0915	-0.016	Voz
590.54	4	1	-1.46	0.2076	0.1554	0.1045	0.0627	0.0452	0.0118	-0.049	-0.093	-0.087	-0.026	0.1297	Voz
561.67	0	1	-1.165	0.0368	0.0372	0.0398	0.0318	0.0182	0.0186	0.0048	-0.011	-0.02	-0.035	0.0453	Voz
554.73	0	1	-1.003	0.0026	-0.002	0.0044	-6E-04	-0.002	-4E-05	-0.002	0.0024	3E-05	0.0005	-7E-04	Não facturado
546.28	0	1	-1.212	0.1996	0.0142	0.0053	0.0208	-2E-04	-0.004	-0.01	-0.021	-0.036	0.0088	0.0353	Não facturado
553.38	0	1	-1.075	0.0184	0.0157	0.0188	0.0113	0.0102	0.0038	-0.002	0.0003	-0.008	-0.013	0.0211	Voz
580.9	10	1	-1.648	0.3436	0.23	0.1466	0.0601	-0.019	-0.061	-0.07	-0.052	-0.009	0.0616	0.0216	Voz
698.74	34	1	-2.075	1.0881	0.02	0.0923	-0.02	-0.092	-0.032	0.0171	-0.037	-0.03	0.1404	-0.067	Voz
593.41	4	1	-1.38	0.1715	0.105	0.076	0.0516	0.0248	0.0049	-0.03	-0.02	0.0038	0.005	-0.012	Não facturado
580.04	0	1	-0.999	0.0018	-0.002	0.0023	-7E-04	-2E-04	-0.003	-0.002	0.0032	-0.004	-1E-03	0.004	Não facturado
587.57	2	1	-1.448	0.3945	-0.022	-0.053	0.0478	0.0891	0.0497	-0.017	-0.034	-0.023	0.0334	-0.015	Não facturado
672.6	20	1	-1.443	0.2154	0.0961	0.0763	0.0477	0.0466	0.0149	-0.015	-0.026	-0.006	0.06	-0.057	Voz
746.75	26	1	-1.517	0.2913	0.1286	0.0931	0.0433	0.0092	-2E-04	-0.031	-0.016	0.0262	0.0004	-0.016	Voz
639.29	2	1	-1.315	0.1333	0.0669	0.0461	0.0548	0.0376	0.008	0.0047	-0.005	-0.02	-0.007	-8E-05	Voz
580.72	0	1	-1.04	0.035	0.0261	0.0047	-0.007	-0.022	-0.019	0.0053	0.0059	0.0104	0.0164	-0.016	Não facturado
571.03	0	1	-1.001	0.0023	-0.002	0.0036	0.0017	-0.002	-0.002	-8E-04	0.0024	-0.003	-1E-04	0.0016	Não facturado
560.16	0	1	-1.015	0.0086	0.0039	0.0063	-0.005	-2E-04	0.0012	0.0033	0.0033	-0.011	-0.001	0.0057	Não facturado
587.16	0	1	-1.184	0.1775	0.0162	-0.017	0.0024	-0.014	0.0112	0.0391	0.0258	-0.008	-0.037	-0.01	Não facturado
658.72	33	1	-1.591	0.3603	0.1713	0.1006	0.0454	0.0042	-0.014	-0.044	-0.062	-0.039	-0.007	0.0821	Voz

Appendix C: Códigos Matlab

```matlab
% opens a dialogue to choose a sound file
file = uigetfile({'*.wav;*.mp3;*.wmv;*.wma;*.lab','Audio files'},'Select a
sound file','MultiSelect','On');
wfile=file{2};
lfile=file{1};
[wavFile,Fs,nbits] = wavread(wfile);
ext='.xlsx';
fn=sprintf('%s''%s',wfile,ext);
        frameSize = 960; % frame size 20ms for 48000Hz sampling rate
        overlap = 0; % frame overlap
        frameMat=buffer(wavFile, frameSize, overlap); % process frames
        frameNum=size(frameMat, 2); % calculate size
% Function call to find the energy
En = calcEnergy(frameMat,frameNum);
% Function call to find the zero-crossing rate
Zcr = calcZcr(frameMat,frameNum);
% Function call to do LPC
lpc=dolpc(frameMat,12);
```

```matlab
% Functions
//////////////////////// Calculate Energy /////////////////////////////
function En = calcEnergy(frameMat,frameNum)
% Compute energy
En=zeros(frameNum, 1);
for i=1:frameNum
    frame=frameMat(:,i);
    En(i)=sum(abs(frame));
end
///////////////////////////////////////////////////////////////////////
//////////////////// Calculate Zero-Crossing Rate////////////////////////
function Zcr = calcZcr(frameMat,~)
% Compute zero-crossing rate
for i=1:size(frameMat,2)
    crossing=0;
    frames=frameMat(:,i);
    for j=1:length(frames)-1 %length : get frame size
        if ((frames(j)>=0 && frames(j+1)<0) || (frames(j)<=0 && frames(j+1)>0)
            crossing=crossing + 1;
        end
    end
    Zcr(i)=crossing;
end
///////////////////////////////////////////////////////////////////////
//////////////////////// Calculate LPC /////////////////////////////
function y = dolpc(x,modelorder)
% modelorder is order of model, defaults to 8
if nargin < 2
  modelorder = 8;
end
% Find LPC coeffs
y=lpc(x,modelorder);
///////////////////////////////////////////////////////////////////////
```

Appendix D: Lista fonética amárica, equivalência IPA e respectiva tabela de tradução ASCII (adoptada de [13])

IPA	Transcription	Amharic equivalence
Consonants		
[p]	[p]	ፕ
[t]	[t]	ት
[k]	[k]	ክ
[?]	[ax]	ዕ
[b]	[b]	ብ
[d]	[d]	ድ
[g]	[g]	ግ
[p']	[px]	ጵ
[t']	[tx]	ጥ
[c']	[cx]	ጭ
[q]	[q]	ቅ
[f]	[f]	ፍ
[s]	[s]	ስ
[ʃ]	[sx]	ሽ
[h]	[h]	ህ
[s']	[xx]	ጽ
[tʃ]	[c]	ች
[g']	[j]	ጅ
[m]	[m]	ም
[n]	[n]	ን
[ɲ]	[nx]	ኝ
[l]	[l]	ል
[r]	[r]	ር
[j]	[y]	ይ
[w]	[w]	ው
[v]	[v]	ቭ
[z]	[z]	ዝ
[z']	[zx]	ዥ
Vowels		
[ɛ]	[e]	እ
[ʊ]	[u]	ኡ
[ɪ]	[ii]	ኢ
[ɑ]	[a]	ኣ
[ɵ]	[ie]	ኤ
[ɨ]	[ix]	እ
[o]	[o]	ኦ

Printed by Books on Demand GmbH, Norderstedt / Germany